Xenophon, Anabasis

Griechischlektüre

bearbeitet und ausgewählt von
Gesa Linnemann & Alexander Senger

Vandenhoeck & Ruprecht

Bibliografische Information der Deutschen Nationalbibliothek:
Die Deutsche Nationalbibliothek verzeichnet diese Publikation in der Deutschen Nationalbibliografie; detaillierte bibliografische Daten sind im Internet über http://dnb.de abrufbar.

Umschlagabbildung: Gesa Linnemann

Satz: SchwabScantechnik, Göttingen
Druck und Bindung: ⊕ Hubert & Co. BuchPartner, Göttingen
Printed in the EU

Vandenhoeck & Ruprecht Verlage | www.vandenhoeck-ruprecht-verlage.com

ISBN 978-3-525-71746-2

Inhalt

ΠΡΟΛΟΓΟΣ

Ach, die Griechen! Wer waren die überhaupt, die Griechen?

Die Griechen waren zu viele und zu verschiedene. Besser ist es, wenn man von Athenern, Spartanern, Kretern und so fort spricht.

Xenophon

Xenophon beispielsweise ist einer von ihnen und er ist Athener. Ein Athener allerdings, dessen Herz für Sparta schlägt. Im reifen Alter von dreißig Jahren überzeugt ihn ein Gastfreund aus Böotien, an einem militärischen Unternehmen teilzunehmen. Dieses plant ein junger persischer Prinz mit Namen Kyros gegen seinen älteren Bruder, der in der Weltstadt Babylon König des ganzen Perserreiches ist. Kyros ist lediglich Statthalter einer westlichen Provinz des Großreiches. Da er zusätzliche militärische Hilfe benötigt, wirbt er neben den ihm treuen persischen Truppen griechische Söldner an. Insgesamt sammelt er mehr als 11.000 griechische Soldaten, die nach dem Ende des Peloponnesischen Krieges nicht mehr in ihre früheren Berufe zurückgefunden haben. Sie kommen aus aller Herren Länder – aus Sparta, aus Sizilien, aus Arkadien, aus Thessalien – und waren vor kurzem noch erbitterte Kriegsgegner. Im März 401 v. Chr. beginnen sie ihren Zug von Sardes aus. Sie alle wissen nichts von dem wahren Vorhaben des Kyros. Auch Xenophon ist ahnungslos. Er zieht mit, nicht weil er das Geld braucht, sondern wahrscheinlich aus Abenteuerlust und in der Hoffnung, den jungen aufstrebenden Perserfürsten Kyros persönlich kennenzulernen. Was hätte es nicht für ihn bedeutet, wenn Kyros der Umsturz gelungen wäre! Er wäre ein gemachter Mann gewesen. In Athen sah es mit seiner politischen Karriere hingegen nicht gut aus. Die Demokraten waren deutlich in der Mehrheit und er war von außerordentlich aristokratischer Gesinnung und wahrscheinlich auch Herkunft (geboren ist er wohl um das Jahr 430 v. Chr.). Demokratie ist seine Sache nicht. Also auf nach Persien!

Kyros

Söldnertum nach dem pelop. Krieg

Xenophons Motivation

Verlauf des Feldzugs

Wie schon gesagt – die ganze Unternehmung scheitert und die Griechen geraten in eine verzweifelte Lage. Mitten im persischen Reichsgebiet, sozusagen in der Höhle des Löwen, verlieren sie Kyros, ihren griechischen Anführer und ihre Hoffnung. Da tritt Xenophon auf den Plan, der bis dahin nur die Rolle eines Protokollschreibers gehabt zu haben schien. Wie es nun weitergeht, berichtet er in seiner Anabasis von dem dritten Buch ab. Anabasis nennt er sein Buch deshalb, da »anabasis« Aufstieg und Zug ins Landesinnere heißt, womit hier der Aufbruch von der Westküste der heutigen Türkei und der Marsch bis nach Babylon in der Nähe des heutigen Bagdad gemeint ist. Thematisch trifft dieser Titel jedoch nur auf das erste Buch zu, die folgenden Bücher zwei bis sieben beschreiben nämlich den Rückmarsch, müssten also »katabasis« heißen.

das Buch Anabasis

Man könnte nun der Ansicht sein, dass der Schwerpunkt der Schrift auf der Darstellung des Geschehens im ersten Buch liegt und dieses folglich sehr spannend zu lesen ist, während die anderen sechs Bücher lediglich die lästige und quälende Mühe des Rückmarsches oder vielleicht eher der Flucht beschreiben, was sich weniger interessant anhört. So ist es aber nicht. Die ganze Schrift ist von Passagen geprägt, die eine große Dramatik aufweisen. Persönliche Schicksale, politische Wechselbäder, klimatische Härten – alles das finden wir in diesem Buch. Ein Panorama der unterschiedlichsten Aspekte breitet sich vor den Augen des Lesers aus. Ja, es ist ein spannendes, ernsthaftes Buch, das auch das weite kulturelle Spektrum des ausgehenden fünften Jahrhunderts in sich trägt. So vieles erinnert uns an heute: die inhomogene Struktur des riesigen Perserreiches mit all ihren lokalen Besonderheiten, politisch, ethnisch und geographisch gesehen; die Rivalitäten der aus den verschiedensten Städten stammenden griechischen Söldner (was sie grundsätzlich trennt), die sich allesamt auf für sie fremdem Gebiet bewegen (was sie eint); das neue politische Machtgefüge der griechischen Welt, die nun von Sparta dominiert wird, und das ebenfalls neue Machtgefüge des Perserreiches, das auf dem Spiel steht. Die Geschichte ist im Fluss und die Anabasis des Xenophon ist der kleine Kahn, auf dem wir sitzend einen genauen Blick auf eine bestimmte Stelle dieser Strömung werfen dürfen. Ein Abenteuer für den Leser wie für den Schreiber selbst, auch wenn es so ganz anders verlief als er es sich vorgestellt hatte. Immer ist zu spüren, dass es um viel geht.

Bezüge zur heutigen Zeit

Aus diesem Grund wurde eine Auswahl von Texten getroffen, die den ganzen Text berücksichtigt, also Texte aus allen sieben Büchern, die möglichst viele Facetten der Erzählung widerspiegeln. Einer unbestimmten Tradition folgend, wonach Generationen von Schülerinnen und Schülern Auszüge aus der Anabasis als Erstlingslektüre genießen dürfen, möchte auch die vorliegende Ausgabe diesen Faden weiterspinnen und den Text sogar vorgreifend als Übergangslektüre möglich machen. Die in der Regel erst spät einsetzende Grammatik innerhalb der Lehrbuchphase wie die Behandlung der μι-Verben oder die Komparation der Adjektive können an Hand der Texte und unter Hinzunahme einer Begleitgrammatik leicht erarbeitet werden, so dass die Lehrerinnen und Lehrer frühzeitig mit der Lektürephase beginnen können. Um ein übersichtliches Arbeiten zu gewährleisten, sind die Vokabelangaben auf gleicher Höhe wie der griechische Text angebracht. Zu bestimmten Themenbereichen wie »Militär«, »Maße«, »Münzen« u.s.w. gibt es erläuternde Zusammenstellungen sowie thematisch eng umrissene kulturgeschichtliche Exkurse. Schließlich soll auch das ausgewählte Bildmaterial den Schülerinnen und Schülern die Lebenswirklichkeit der dargestellten Zeit so nah wie möglich vor Augen führen. Arbeitsaufträge wurden in übersichtlichem Maße den Texten beigegeben. Sie sollen Ansatzpunkte bieten, sich den Textinhalten zu nähern und zu einer freien und kreativen Auseinandersetzung einladen. Zu jedem Kapitel gibt es außerdem hinten im Buch eine eigene Wortschatzliste mit den wichtigsten Vokabeln, die die Schülerinnen und Schüler beherrschen sollten. Diese Vokabeln schon jeweils vorab zu erarbeiten, kann helfen, das Übersetzen des dazugehörigen Textes flüssiger zu gestalten.

Konzept dieser Ausgabe

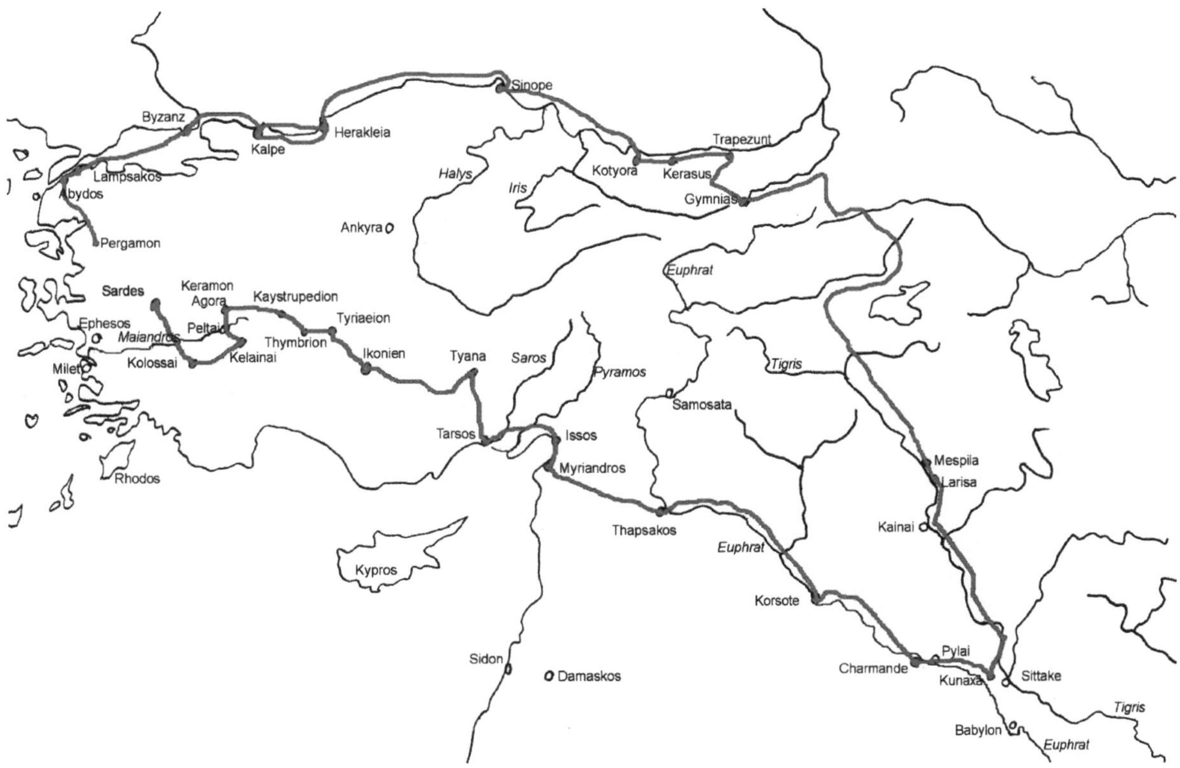

Karte: Der Weg der griechischen Söldner

ANABASIS

Der Konflikt am persischen Königshof

Δαρείου[1] καὶ Παρυσάτιδος[2] γίγνονται[3] παῖδες δύο, πρεσβύτερος μὲν Ἀρταξέρξης, νεώτερος δὲ Κῦρος· ἐπεὶ δὲ ἠσθένει Δαρεῖος καὶ ὑπώπτευε τελευτὴν τοῦ βίου, ἐβούλετο τὼ παῖδε ἀμφοτέρω[4] παρεῖναι. ὁ μὲν οὖν πρεσβύτερος παρὼν ἐτύγχανε· Κῦρον δὲ μεταπέμπεται ἀπὸ τῆς ἀρχῆς, ἧς αὐτὸν σατράπην[5] ἐποίησε[6,7], καὶ στρατηγὸν δὲ αὐτὸν ἀπέδειξε πάντων, ὅσοι ἐς Καστωλοῦ πεδίον[8] ἀθροίζονται[9]. ἀναβαίνει[10] οὖν ὁ Κῦρος λαβὼν[11] Τισσαφέρνην ὡς φίλον (καὶ τῶν Ἑλλήνων ἔχων ὁπλίτας ἀνέβη τριακοσίους, ἄρχοντα δὲ αὐτῶν Ξενίαν Παρράσιον[12]). ἐπεὶ δὲ ἐτελεύτησε Δαρεῖος καὶ κατέστη εἰς τὴν βασιλείαν[13] Ἀρταξέρξης, Τισσαφέρνης διαβάλλει[14] τὸν Κῦρον πρὸς τὸν ἀδελφόν, ὡς ἐπιβουλεύοι αὐτῷ. ὁ δὲ πείθεται καὶ συλλαμβάνει Κῦρον ὡς ἀποκτενῶν·

1 Δαρεῖος: König der Perser

2 Παρύσατις: Frau des Dareios

3 γίγνονται = εἰσί

4 τὼ παῖδε ἀμφοτέρω: *Dualform im Akk.*

5 ὁ σατράπης, ου: der Statthalter, der Satrap

6 ποιεῖν + dopp. Akk.: jdn. machen zu

7 ἐποίησε: übersetze mit Plqpf.

8 Καστωλοῦ πεδίον: *Ebene bei Kastolos, ein Ort in der Nähe der Provinzhauptstadt Sardes*

9 ἀθροίζεσθαι: zusammenströmen

10 ἀναβαίνειν: ins Landesinnere ziehen

11 λαβών + Akk.: mit

12 Παρράσιος: *Adj. zu* Παρρασία, griech. Stadt in Arkadien

13 καθίστασθαι εἰς τὴν βασιλείαν: die Königswürde annehmen

14 διαβάλλειν πρός τινα: (jdn.) bei jdm. verleumden

ἡ δὲ μήτηρ ἐξαιτησαμένη[15] αὐτὸν ἀποπέμπει πάλιν ἐπὶ[16] τὴν ἀρχήν. ὁ δ᾽ ὡς ἀπῆλθε κινδυνεύσας καὶ ἀτιμασθείς, βουλεύεται, ὅπως μήποτε ἔτι ἔσται ἐπὶ τῷ ἀδελφῷ, ἀλλά, ἢν δύνηται, βασιλεύσει ἀντ᾽ ἐκείνου. Παρύσατις μὲν δὴ ἡ μήτηρ ὑπῆρχε[17] τῷ Κύρῳ φιλοῦσα αὐτὸν μᾶλλον ἢ τὸν βασιλεύοντα Ἀρταξέρξην. ὅστις[18] δ᾽ ἀφικνεῖτο τῶν παρὰ βασιλέως πρὸς αὐτόν, πάντας οὕτω διατιθεὶς[19] ἀπεπέμπετο ὥστε αὐτῷ μᾶλλον φίλους εἶναι ἢ βασιλεῖ. καὶ τῶν παρ᾽ ἑαυτῷ δὲ βαρβάρων ἐπεμελεῖτο, ὡς πολεμεῖν τε ἱκανοὶ εἴησαν καὶ εὐνοϊκῶς[20] ἔχοιεν αὐτῷ. τὴν δὲ Ἑλληνικὴν δύναμιν[21] ἤθροιζεν ὡς μάλιστα ἐδύνατο[22] ἐπικρυπτόμενος[23], ὅπως ὅτι[24] ἀπαρασκευότατον[25] λάβοι[26] βασιλέα.

15 ἐξαιτεῖσθαι: jmd. durch Bitten freibekommen

16 ἐπί + Dat.: unter der Herrschaft von

17 ὑπάρχειν: zur Seite stehen

18 ὅστις (…) τῶν παρὰ βασιλέως: wer vom Königshof

19 διατιθέναι: beeindrucken >διατιθείς: Part. Präs. Akt.

20 εὐνοϊκῶς ἔχειν + Dat.: zu jdm. halten, wohlgesinnt sein

21 ἡ δύναμις, εως: die Streitmacht

22 ὡς μάλιστα ἐδύνατο: so gut er konnte

23 ἐπικρυπτόμενος: heimlich

24 ὅτι + Superl.: möglichst

25 ἀπαράσκευος: unvorbereitet

26 λαμβάνειν: überfallen

1. Gliedere den Text in mögliche Sinnabschnitte und gib den Abschnitten Überschriften.

2a. Untersuche den Gebrauch der Tempora.

2b. Erkläre den Optativ in Z. 14 auf S. 13.

3. Gib an, wie du den Sinneswandel des Kyros beurteilst, nachdem er durch seine Mutter aus der Gefangenschaft seines Bruders freigekommen ist.

Nicht nur eine »Anabasis« …

Der berühmte Anfang der Commentarii de Bello Gallico von Caesar über den Gallischen Krieg 58 bis 51/50 v. Chr. lautet:

Gallia est omnis divisa in partes tres, quarum unam incolunt Belgae, aliam Aquitani, tertiam qui ipsorum lingua Celtae, nostra Galli appellantur. Hi omnes lingua, institutis, legibus inter se differunt. Gallos ab Aquitanis Garunna flumen, a Belgis Matrona et Sequana dividit. Horum omnium fortissimi sunt Belgae, propterea quod a cultu atque humanitate provinciae longissime absunt, minimeque ad eos mercatores saepe commeant atque ea quae ad effeminandos animos pertinent, important, proximique sunt Germanis, qui trans Rhenum incolunt, quibuscum continenter bellum gerunt. Qua de causa Helvetii quoque reliquos Gallos virtute praecedunt, quod fere cotidianis proeliis cum Germanis contendunt, cum aut suis finibus eos prohibent aut ipsi in eorum finibus bellum gerunt. …

Der Anfang der **Anabasis** von **Xenophon** lautet:

Δαρείου καὶ Παρυσάτιδος γίγνονται παῖδες δύο, πρεσβύτερος μὲν Ἀρταξέρξης, νεώτερος δὲ Κῦρος· ἐπεὶ δὲ ἠσθένει Δαρεῖος καὶ ὑπώπτευε τελευτὴν τοῦ βίου, ἐβούλετο τὼ παῖδε ἀμφοτέρω παρεῖναι. ὁ μὲν οὖν πρεσβύτερος παρὼν ἐτύγχανε· Κῦρον δὲ μεταπέμπεται ἀπὸ τῆς ἀρχῆς ἧς αὐτὸν σατράπην ἐποίησε, καὶ στρατηγὸν δὲ αὐτὸν ἀπέδειξε πάντων, ὅσοι ἐς Καστωλοῦ πεδίον ἁθροίζονται. …

Die Anabasis wird als Vorbild für den in den Commentarii Caesars verwendeten Stil diskutiert. Vergleiche die Anfänge der beiden Werke hinsichtlich Stil und Inhalt.

Übrigens:
Für den Alexander-Historiker Arrian († 175) war Xenophon Vorbild und er versuchte, in seinen Werken das Attisch Xenophons umzusetzen. Sein Werk über den Feldzug Alexanders nannte er »Anabasis Alexandrou«.

Exkurs: Politische Organisation des Perserreiches

Kurzer historischer Abriss

Dem Perser Kyros dem Großen gelang es um 550 v. Chr., den Mederkönig Astyages von der Herrschaft abzulösen und die Macht in der von den Medern gegründeten Stadt Ekbatana zu übernehmen. Kurz darauf eroberte er von hier aus das Lyderreich mit der Stadt Sardes, später nahmen seine Truppen Babylon ein. Unter seinen Nachfolgern wurde das Reich immer weiter vergrößert. 500 v. Chr. kam es zum »Ionischen Aufstand« der griechischen Städte an der kleinasiatischen Küste, der von den Persern niedergeschlagen wurde. 490 v. Chr. scheiterte das persische Vorgehen unter König Dareios I. gegen Athen und Eretria, die die Ionier unterstützt hatten, in der Schlacht bei Marathon. Auch sein Sohn Xerxes unterlag zehn Jahre später den Griechen, bei Salamis (480 v. Chr.) und Plataea (479 v. Chr.). Nach der Herrschaft Artaxerxes' I. und Xerxes' II. wurde 423 v. Chr. Dareios II., der Vater von Artaxerxes II. und Kyros dem Jüngeren, Großkönig. Er unterstützte Sparta im Peloponnesischen Krieg und gewann so die Herrschaft über Kleinasien. Im Jahr seines Todes, 404 v. Chr., setzt der Bericht der Anabasis ein.

Das letzte Mitglied dieser Herrscherdynastie der Achaimeniden, die mit Kyros d. Gr. begonnen hatte, war Dareios III. 334 v. Chr. griff Alexander von Makedonien (d. Gr.) das Perserreich an und eroberte es.

Nachfolgeregelung

Thronnachfolger mussten aus der Herrscherfamilie stammen. Zur Zeit der Brüder Artaxerxes II. und Kyros des Jüngeren war dies die Familie der Achaimeniden, also die Nachfahren des Achaimes. Wahrscheinlich bestimmte ein Herrscher selbst, wer sein Nachfolger werden sollte. In der Regel war dies der erstgeborene Sohn, in Ausnahmefällen auch der in der Amtszeit des Herrschers Erstgeborene. Hierauf gründet sich der Konflikt um die Nachfolge Dareios' II. In seiner »Vita des Artaxerxes« beschreibt Plutarch (45–125 n. Chr.), wie Parysatis ihren Mann überreden möchte, Kyros zu seinem Nachfolger zu machen, indem sie argumentiert, dass er der Erstgeborene in der Zeit der Königsherrschaft sei.

Satrapen

Satrapen waren Statthalter, die ein Gebiet im persischen Reich (= eine Satrapie) für den Großkönig verwalteten. Sie hatten neben militärischen und politischen Befugnissen auch die Verwaltung in ihren Händen.

Ihnen waren weitere Amtsträger unterstellt, wie die bei Xenophon erwähnten *homotrapezoi* (Tischgenossen) und *skeptouchoi* (Zepterträger).

Ethnische Vielfalt

Das Reich der Achaimeniden umfasste mit einem riesigen Herrschaftsgebiet zahlreiche nichtpersische Stämme und Völker und wies somit eine enorme ethnische, kulturelle, religiöse und sprachliche Heterogenität auf. Dareios, der von 522 bis 486 herrschte, schuf sich selbst den Titel »König der Länder/Völker«. Die persischen Herrscher gewährten den lokalen Machthabern große Entscheidungsfreiheit in der wirtschaftlichen und sozialen Organisation ihrer Gebiete und achteten die gegebenen Traditionen und die Religion. Dies führte bisweilen sogar zur aktiven Förderung regionaler Kulte, wenn dies aus politischen Gründen sinnvoll war. So wurde auch von einem Großteil der lokalen Führer die Beherrschung durch den persischen Großkönig eher als Schutz gesehen denn als Zwangsherrschaft.

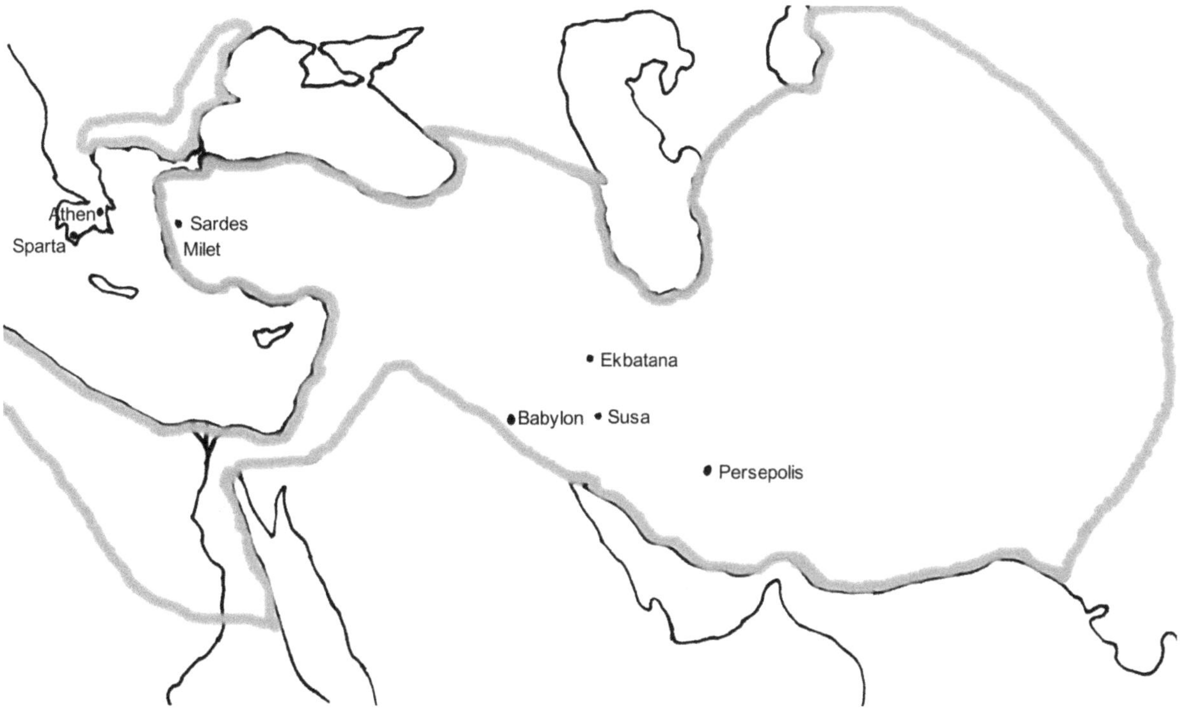

Ausdehnung des Persischen Reiches nach der Herrschaft des Dareios I († 486)

Der Streit zwischen den Satrapen Kyros und Tissaphernes

ὧδε οὖν ἐποιεῖτο τὴν συλλογήν. ὁπόσας[1] εἶχε φυλακὰς[2] ἐν ταῖς πόλεσι, παρήγγειλε τοῖς φρουράρχοις[3] ἑκάστοις λαμβάνειν ἄνδρας Πελοποννησίους ὅτι πλείστους καὶ βελτίστους ὡς ἐπιβουλεύοντος Τισσαφέρνους ταῖς πόλεσι. καὶ γὰρ ἦσαν αἱ Ἰωνικαὶ πόλεις Τισσαφέρνους τὸ ἀρχαῖον[4] ἐκ βασιλέως[5] δεδομέναι, τότε δὲ ἀφειστήκεσαν[6] πρὸς Κῦρον πᾶσαι πλὴν Μιλήτου· ἐν Μιλήτῳ δὲ Τισσαφέρνης προαισθόμενος τὰ αὐτὰ ταῦτα βουλευομένους ἀποστῆναι[7] πρὸς Κῦρον, τοὺς μὲν αὐτῶν ἀπέκτεινε, τοὺς δ᾽ ἐξέβαλεν. ὁ δὲ Κῦρος ὑπολαβὼν τοὺς φεύγοντας[8] συλλέξας στράτευμα ἐπολιόρκει Μίλητον καὶ κατὰ γῆν καὶ κατὰ θάλατταν καὶ ἐπειρᾶτο κατάγειν τοὺς ἐκπεπτωκότας. καὶ αὕτη αὖ ἄλλη πρόφασις ἦν αὐτῷ τοῦ ἀθροίζειν στράτευμα.

1 *Stelle um und konstruiere* (ὁπόσας … ἑκάστοις):

τοῖς φρουράρχοις ἑκάστοις φυλακῶν, ὁπόσας εἶχε ἐν ταῖς πόλεσιν, παρήγγειλε

2 ἡ φυλακή: die Garnison

3 φρούραρχος: der Phrurarch (Festungskommandant)

4 τὸ ἀρχαῖον: gleich von Anfang an

5 ἐκ βασιλέως: mit Amtsantritt des Königs

6 ἀφίστασθαι πρός: zu jdm. abfallen

7 ἀποστῆναι: *explikativer Infinitiv,* »nämlich …«

8 ὁ φεύγων = ὁ ἐκπεπτωκώς: der Verbannte

πρὸς δὲ βασιλέα πέμπων ἠξίου[9] ἀδελφὸς ὢν αὐτοῦ δοθῆναι οἷ[10] ταύτας τὰς πόλεις μᾶλλον ἢ Τισσαφέρνην ἄρχειν αὐτῶν, καὶ ἡ μήτηρ συνέπραττεν[11] αὐτῷ ταῦτα· ὥστε βασιλεὺς τὴν μὲν πρὸς ἑαυτὸν ἐπιβουλὴν οὐκ ᾐσθάνετο, Τισσαφέρνει δ᾽ ἐνόμιζε πολεμοῦντα αὐτὸν ἀμφὶ τὰ στρατεύματα δαπανᾶν[12]· ὥστε οὐδὲν ἤχθετο[13] αὐτῶν πολεμούντων. καὶ γὰρ ὁ Κῦρος ἀπέπεμπε τοὺς γιγνομένους[14] δασμοὺς[15] βασιλεῖ ἐκ τῶν πόλεων, ὧν Τισσαφέρνους ἐτύγχανεν ἔχων.

9 ἀξιοῦν: fordern
10 οἷ = ἑαυτῷ
11 συνπράττειν: helfen
12 δαπανᾶν: Aufwand treiben
13 ἄχθεσθαι + Gen.: sich ärgern über
14 γιγνόμενος: fällig
15 ὁ δασμός: die Tributzahlung

1. Markiere alle Partizipien und bestimme sie.
2. Erläutere, welche Rolle Milet in dem Streit zwischen Kyros und Tissaphernes spielt.
3. Erkläre, wie du das Verhalten des Kyros bewertest.

Die Sammlung des Heeres

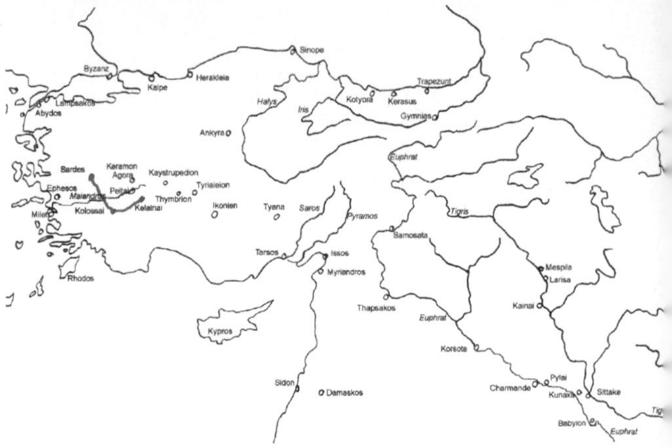

Kyros sagt, er sammle eine große Streitmacht, um gegen das aufbegehrende Volk der Pisider eine Strafexpedition zu unternehmen.

Τισσαφέρνης δὲ κατανοήσας[1] ταῦτα καὶ μείζονα ἡγησάμενος εἶναι ἢ ὡς ἐπὶ Πισίδας τὴν παρασκευήν[2] πορεύεται ὡς βασιλέα ᾗ ἐδύνατο τάχιστα[3] ἱππέας ἔχων ὡς πεντακοσίους. καὶ βασιλεὺς μὲν δὴ ἐπεὶ ἤκουσε Τισσαφέρνους τὸν Κύρου στόλον, ἀντιπαρεσκευάζετο[4]. Κῦρος δὲ ἔχων, οὓς εἴρηκα, ὡρμᾶτο ἀπὸ Σάρδεων· καὶ ἐξελαύνει[5] διὰ τῆς Λυδίας σταθμοὺς[6] τρεῖς παρασάγγας[7] εἴκοσι καὶ δύο ἐπὶ τὸν Μαίανδρον ποταμόν. τούτου τὸ εὖρος δύο πλέθρα[8]· γέφυρα δὲ ἐπῆν ἐζευγμένη[9] πλοίοις ἑπτά. τοῦτον διαβὰς ἐξελαύνει διὰ Φρυγίας σταθμὸν ἕνα παρασάγγας ὀκτὼ εἰς Κολοσσάς, πόλιν οἰκουμένην καὶ εὐδαίμονα καὶ μεγάλην. ἐνταῦθα ἔμεινεν ἡμέρας ἑπτά· καὶ ἧκε Μένων ὁ Θετταλὸς ὁπλίτας ἔχων χιλίους καὶ πελταστὰς[10] πεντακοσίους, Δόλοπας καὶ Αἰνιᾶνας καὶ Ὀλυνθίους.

1 κατανοεῖν: bemerken

2 ἡ παρασκευή: das Rüsten

3 ᾗ ἐδύνατο τάχιστα: *vgl. Z. 28 im Textstück »Der Konflikt am persischen Königshof«*

4 ἀντιπαρασκευάζεσθαι: Gegenrüstungen vornehmen

5 ἐξελαύνειν: ziehen

6 ὁ σταθμός: der Tagesmarsch

7 ὁ παρασάγγης: die Parasange (ca. 5,5 Kilometer)

8 τὸ πλέθρον: das Plethron (30 Meter)

9 ζευγνύναι: verbinden

10 ὁ πελταστής: der Leichtbewaffnete

ἐντεῦθεν ἐξελαύνει σταθμοὺς τρεῖς παρασάγγας εἴκοσιν εἰς Κελαινάς, τῆς Φρυγίας πόλιν οἰκουμένην, μεγάλην καὶ εὐδαίμονα. ἐνταῦθα Κύρῳ βασίλεια[11] ἦν καὶ παράδεισος[12] μέγας ἀγρίων θηρίων πλήρης[13], ἃ ἐκεῖνος ἐθήρευεν ἀπὸ ἵππου, ὁπότε γυμνάσαι βούλοιτο ἑαυτόν τε καὶ τοὺς ἵππους. διὰ μέσου δὲ τοῦ παραδείσου ῥεῖ ὁ Μαίανδρος ποταμός· αἱ δὲ πηγαὶ[14] αὐτοῦ εἰσιν ἐκ τῶν βασιλείων· ῥεῖ δὲ καὶ διὰ τῆς Κελαινῶν πόλεως. ἔστι δὲ καὶ μεγάλου βασιλέως βασίλεια ἐν Κελαιναῖς ἐρυμνὰ[15] ἐπὶ ταῖς πηγαῖς τοῦ Μαρσύου ποταμοῦ ὑπὸ τῇ ἀκροπόλει[16]· ῥεῖ δὲ καὶ οὗτος διὰ τῆς πόλεως καὶ ἐμβάλλει[17] εἰς τὸν Μαίανδρον· τοῦ δὲ Μαρσύου τὸ εὖρός ἐστιν εἴκοσι καὶ πέντε ποδῶν[18]. ἐνταῦθα λέγεται Ἀπόλλων ἐκδεῖραι[19] Μαρσύαν νικήσας ἐρίζοντά[20] οἱ[21] περὶ σοφίας καὶ τὸ δέρμα κρεμάσαι[22] ἐν τῷ ἄντρῳ[23], ὅθεν[24] αἱ πηγαί. διὰ δὲ τοῦτο ὁ ποταμὸς καλεῖται Μαρσύας.

11 τὰ βασίλεια: die Königsburg
12 ὁ παράδεισος: der Tierpark, s. u.
13 πλήρης + Gen.: voll
14 ἡ πηγή: die Quelle
15 ἐρυμνός: befestigt
16 ἡ ἀκρόπολις: die Stadtburg
17 ἐμβάλλειν: münden
18 πούς: der Fuß (30 Zentimeter)
19 ἐκδέρειν: die Haut abziehen, häuten
20 ἐρίζειν + Dat.: mit jdm. streiten
21 οἱ = ἑαυτῷ
22 κρεμαννύναι: aufhängen
23 τὸ ἄντρον: die Höhle
24 ὅθεν: woher

Paradeisoi waren künstlich angelegte, bewässerte Garten- und Parkanlagen, in denen auch Anbau betrieben und Tiere gehalten wurden. Laut Xenophon (Xen Oik. IV 8) soll der Großkönig selbst dort oft Zeit verbracht haben, wenn es möglich war. Auch initiierte und überwachte er selbst die Anlage und Pflege.

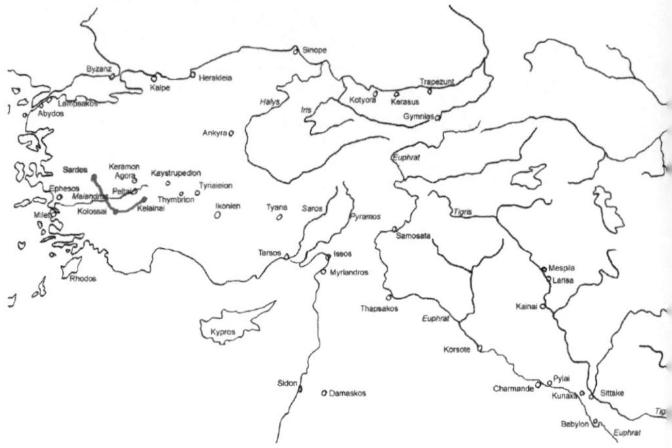

ἐνταῦθα Ξέρξης, ὅτε ἐκ τῆς Ἑλλάδος ἡττηθεὶς[25] τῇ μάχῃ[26] ἀπεχώρει, λέγεται οἰκοδομῆσαι ταῦτά τε τὰ βασίλεια καὶ τὴν Κελαινῶν ἀκρόπολιν. ἐνταῦθα ἔμεινε Κῦρος ἡμέρας τριάκοντα· καὶ ἧκε Κλέαρχος ὁ Λακεδαιμόνιος φυγὰς ἔχων ὁπλίτας χιλίους καὶ πελταστὰς Θρᾷκας ὀκτακοσίους καὶ τοξότας[27] Κρῆτας διακοσίους. ἅμα δὲ καὶ Σῶσις παρῆν ὁ Συρακόσιος ἔχων ὁπλίτας τριακοσίους καὶ Σοφαίνετος Ἀρκάδας ἔχων ὁπλίτας χιλίους. καὶ ἐνταῦθα Κῦρος ἐξέτασιν[28] καὶ ἀριθμὸν[29] τῶν Ἑλλήνων ἐποίησεν ἐν τῷ παραδείσῳ καὶ ἐγένοντο οἱ σύμπαντες ὁπλῖται μὲν μύριοι χίλιοι, πελτασταὶ δὲ ἀμφὶ τοὺς δισχιλίους.

25 ἡττᾶσθαι: eine Niederlage erleiden

26 τῇ μάχῃ: *gemeint ist die Schlacht bei Salamis 480 v. Chr.*

27 ὁ τοξότης: der Bogenschütze

28 ἡ ἐξέτασις: die Musterung

29 ὁ ἀριθμός: die Zählung

1a. Suche die Orte heraus, durch die Kyros sein Heer führt.

1b. Schlage dann im Atlas nach, wo die skizzierte Route heute entlang geführt hätte und miss die Entfernungen.

2. Untersuche die Satzanschlüsse und charakterisiere die Stilistik der Darstellung.

Der Marsyas-Mythos in Ovids Metamorphosen

Im Textstück »Sammlung des Heeres« erwähnt Xenophon diesen Mythos, den Ovid auch in seinen Metamorphosen (VI 382–400) erzählt.

Sic ubi nescio quis Lycia de gente virorum
rettulit exitium, satyri reminiscitur alter,
quem Tritoniaca Latous harundine victum
adfecit poena. quid me mihi detrahis? inquit;
a! piget, a! non est clamabat tibia tanti.
clamanti cutis est summos direpta per artus,
nec quicquam nisi vulnus erat; cruor undique manat,
detectique patent nervi, trepidaeque sine ulla
pelle micant venae; salientia viscera possis
et perlucentes numerare in pectore fibras.
illum ruricolae, silvarum numina, fauni
et satyri fratres et tunc quoque carus Olympus
et nymphae flerunt, et quisquis montibus illis
lanigerosque greges armentaque bucera pavit.
fertilis inmaduit madefactaque terra caducas
concepit lacrimas ac venis perbibit imis;
quas ubi fecit aquam, vacuas emisit in auras.
inde petens rapidus ripis declivibus aequor
Marsya nomen habet, Phrygiae liquidissimus amnis.

So hatte also jemand vom Tode der Männer aus lykischem Volk zu berichten gewusst, da erinnerte ein anderer an den Satyrn, den Apollo, der Sohn Letos, in einem Musikwettstreit besiegt und dann bestraft hatte. »Warum häutest du mich?« sagte er, nein, schrie er: »Ach, wie furchtbar! Das ist das Flötenspiel nicht wert.« Und während er vor Schmerz brüllte, wurde ihm die Haut von den Gliedern gerissen: Sein ganzer Körper – eine einzige Wunde; von allen Seiten floss das Blut, es waren entblößt vor aller Augen die Sehnen und Muskeln, es zuckten ohne den Schutz der Haut die Adern an der freien Luft. Man hätte die pulsierenden Organe und die im Brustkorb sichtbaren Eingeweide zählen können. Es weinten die Faune um ihn, die Götter, die in den Wäldern und auf dem Land zu Hause sind, seine Satyrnbrüder und überhaupt jeder, der in den Bergen Schafe und Rinder weidete.
Die fruchtbare Erde wurde nass und durchnässt nahm sie die fallenden Tränen auf, sog sie tief in ihr Innerstes; sie machte diese zu Wasser und entließ sie wieder an die Oberfläche. Von hier nimmt der reißend schnelle Strom seinen Ausgang und bahnt sich seinen Weg durch die abschüssigen Ufer hindurch, er, der nun den Namen Marsyas trägt und das klarste Wasser in Phrygien mit sich führt.

1. Vergleiche, wie der Marsyas-Mythos jeweils bei Xenophon und Ovid dargestellt wird und erläutere mögliche Motive der beiden Autoren.

Die Rede des Klearchos – Krise im Heer

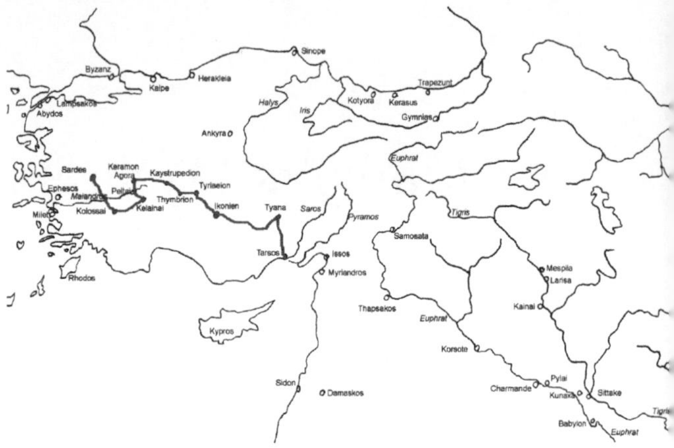

Nach der Musterung zieht Kyros mit dem Heer nach Tarsos.

ἐνταῦθα ἔμεινεν ὁ Κῦρος καὶ ἡ στρατιὰ ἡμέρας εἴκοσιν· οἱ γὰρ στρατιῶται οὐκ ἔφασαν ἰέναι[1] τοῦ πρόσω· ὑπώπτευον γὰρ ἤδη ἐπὶ βασιλέα ἰέναι· μισθωθῆναι[2] δὲ οὐκ ἐπὶ τούτῳ ἔφασαν. πρῶτος δὲ Κλέαρχος τοὺς αὐτοῦ στρατιώτας ἐβιάζετο ἰέναι· οἱ δ᾽ αὐτόν τε ἔβαλλον[3] καὶ τὰ ὑποζύγια τὰ ἐκείνου, ἐπεὶ[4] ἄρξαιντο προϊέναι. Κλέαρχος δὲ τότε μὲν μικρὸν[5] ἐξέφυγε μὴ καταπετρωθῆναι[6], ὕστερον δ᾽ ἐπεὶ ἔγνω, ὅτι οὐ δυνήσεται βιάσασθαι, συνήγαγεν ἐκκλησίαν τῶν αὐτοῦ στρατιωτῶν. καὶ πρῶτον μὲν ἐδάκρυε πολὺν χρόνον ἑστώς[7]· οἱ δὲ ὁρῶντες ἐθαύμαζον καὶ ἐσιώπων[8]· εἶτα δὲ ἔλεξε τοιάδε. »ἄνδρες στρατιῶται, μὴ θαυμάζετε ὅτι χαλεπῶς φέρω[9] τοῖς παροῦσι πράγμασιν[10]. ἐμοὶ γὰρ ξένος Κῦρος ἐγένετο καί με φεύγοντα ἐκ τῆς πατρίδος τά τε ἄλλα[11] ἐτίμησε καὶ μυρίους ἔδωκε δαρεικούς[12].

1 τοῦ πρόσω ἰέναι: weiterziehen

2 μισθοῦν: anwerben

3 βάλλειν: bewerfen

4 ἐπεί + Opt.: immer wenn

5 μικρόν: *hier:* knapp

6 ἐκφεύγειν μὴ καταπετρωθῆναι: der Steinigung entkommen

7 ἑστώς: Part. zu ἑστηκέναι: stehen

8 σιωπᾶν = σιγᾶν

9 χαλεπῶς φέρειν + Dat.: über etwas traurig sein

10 τὰ πράγματα: die Situation

11 τά τε ἄλλα: auch sonst

12 ὁ δαρεικός: der Dareikos (persische Goldmünze)

οὓς ἐγὼ λαβὼν οὐκ εἰς τὸ ἴδιον κατεθέμην[13] ἐμοὶ οὐδὲ καθηδυπάθησα[14], ἀλλ᾽ εἰς ὑμᾶς ἐδαπάνων[15]. καὶ πρῶτον μὲν πρὸς τοὺς Θρᾷκας ἐπολέμησα καὶ ὑπὲρ τῆς Ἑλλάδος ἐτιμωρούμην[16] μεθ᾽ ὑμῶν ἐκ τῆς Χερρονήσου αὐτοὺς ἐξελαύνων βουλομένους ἀφαιρεῖσθαι[17] τοὺς ἐνοικοῦντας Ἕλληνας τὴν γῆν. ἐπειδὴ δὲ Κῦρος ἐκάλει, λαβὼν ὑμᾶς ἐπορευόμην, ἵνα, εἴ τι δέοιτο, ὠφελοίην[18] αὐτὸν ἀνθ᾽ ὧν[19] εὖ ἔπαθον ὑπ᾽ ἐκείνου. ἐπεὶ δὲ ὑμεῖς οὐ βούλεσθε συμπορεύεσθαι, ἀνάγκη δή μοι ἢ ὑμᾶς προδόντα[20] τῇ Κύρου φιλίᾳ χρῆσθαι ἢ πρὸς ἐκεῖνον ψευσάμενον μεθ᾽ ὑμῶν εἶναι. εἰ μὲν δὴ δίκαια ποιήσω, οὐκ οἶδα, αἱρήσομαι δ᾽ οὖν ὑμᾶς καὶ σὺν ὑμῖν ὅ τι ἂν δέῃ πείσομαι[21]. καὶ οὔποτε ἐρεῖ οὐδείς, ὡς ἐγὼ Ἕλληνας ἀγαγὼν εἰς τοὺς βαρβάρους, προδοὺς τοὺς Ἕλληνας τὴν τῶν βαρβάρων φιλίαν εἱλόμην, ἀλλ᾽, ἐπεὶ ὑμεῖς ἐμοὶ οὐ θέλετε πείθεσθαι, ἐγὼ σὺν ὑμῖν ἕψομαι καὶ ὅ τι ἂν δέῃ πείσομαι.

13 εἰς τὸ ἴδιον κατατιθέσθαι: für private Zwecke aufbewahren

14 καθηδυπαθεῖν: verjubeln

15 δαπανᾶν εἰς +Akk.: ausgeben für

16 τιμωρεῖσθαι ὑπέρ + Gen.: Rache nehmen für

17 ἀφαιρεῖσθαι + dopp. Akk.: jmd. etwas wegnehmen

18 ὠφελεῖσθαι: unterstützen

19 ἀνθ᾽ ὧν = ἀντὶ τούτων, ἅ

20 προδιδόναι: verraten

21 πείσομαι: Fut. zu πάσχειν

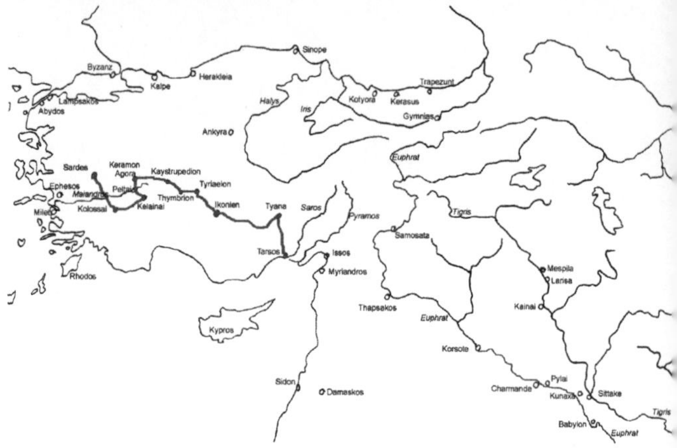

νομίζω γὰρ ὑμᾶς ἐμοὶ εἶναι καὶ πατρίδα καὶ φίλους καὶ συμμάχους καὶ σὺν ὑμῖν μὲν ἂν οἶμαι εἶναι τίμιος[22], ὅπου ἂν ὦ, ὑμῶν δὲ ἔρημος ὢν οὐκ ἂν ἱκανὸς οἶμαι εἶναι οὔτ᾽ ἂν φίλον ὠφελῆσαι οὔτ᾽ ἂν ἐχθρὸν ἀλέξασθαι[23]. ὡς[24] ἐμοῦ οὖν ἰόντος ὅπῃ[25] ἂν καὶ ὑμεῖς οὕτω τὴν γνώμην ἔχετε.« ταῦτα εἶπεν· οἱ δὲ στρατιῶται οἵ τε αὐτοῦ ἐκείνου καὶ οἱ ἄλλοι ταῦτα ἀκούσαντες, ὅτι οὐ φαίη παρὰ βασιλέα πορεύεσθαι, ἐπῄνεσαν[26].

22 τίμιος: respektiert

23 ἀλέξεσθαι: abwehren

24 τὴν γνώμην ἔχειν ὡς + Gen. abs.: davon überzeugt sein, dass

25 ὅπῃ: wohin

26 ἐπαινεῖν: gutheißen

1. Gliedere die Rede und erläutere, wie Klearchos hier auftritt und argumentiert.
2. Überlege, was die Söldner überzeugt.
3. Gib an, wie glaubwürdig du Klearchos findest.

Exkurs: Sparta

Über die Heimat des Spartiaten Klearchos, aus der er verbannt wurde.

Die Geschichte Spartas und seine Gründung in der Form, wie sie die Griechen in klassischer Zeit kannten, ist eng mit dem Namen seines sagenhaften Gesetzgebers Lykurg verbunden. Charakteristisch für seine Staatsform ist die institutionelle Etablierung eines Doppelkönigtums, eines fünfköpfigen Ephorats, eines Ältestenrats (Gerusia) und einer Volksversammlung (Apella). Die fünf Ephoren wurden jedes Jahr neu gewählt und hatten die höchste politische Gewalt inne. Die beiden Könige waren Heerführer und für religiöse Aufgaben verantwortlich. Die Gerusia stellte das staatliche Beratungsgremium dar. Sie legte der Apella Gesetzesvorschläge zur Zustimmung vor. Die Erziehung, die so genannte Agoge, galt als äußerst streng. Früh wurden die Jungen ihren Eltern weggenommen und mussten in Lagern unter Aufsicht gemeinschaftlich leben. Es kam in Sparta alles darauf an, ein festes Gemeinschaftsgefühl der mit vollen Bürgerrechten ausgestatteten höheren Gesellschaftschicht, der Spartiaten, zu formen.

Angst vor Kampf und Tod war bei den Spartanern verpönt. Die Ausübung des Kriegsdienstes war vornehmlich Aufgabe der Spartiaten. Niedere Arbeiten mussten die so genannten Heloten verrichten, Menschen, die im Krieg »erbeutet« worden waren und nun den Spartiaten Tribut zahlen mussten. Auch die Perioken, die um das aus fünf Dörfern bestehende Zentrum des spartanischen Herrschaftsgebietes »Herumwohnenden«, kamen durch ihren Handel für den Wohlstand und durch ihren Wehrdienst für eine ausreichende Zahl von Soldaten der Spartiaten auf. Die politisch-militärische Verfassung Spartas, zu Grunde gelegt in der »großen Rhetra«, machte diese Polis zu einer Großmacht. Andere Städte vertrauten sich ihrem Schutz an. Es entstand der peloponnesische Bund. Allerdings erwuchs diesem Bündnis ein mächtiger Konkurrent im Norden: der attisch-delische Seebund unter Führung Athens. Die Spannungen zwischen den beiden Bündnissystemen führten schließlich um 431 v. Chr. zu einem großen Krieg, dem berühmten Peloponnesischen Krieg. Sparta und seine Verbündeten zwangen Athen schließlich 404 v. Chr. in die Knie.

Kyros gibt seine wahre Absicht zu erkennen

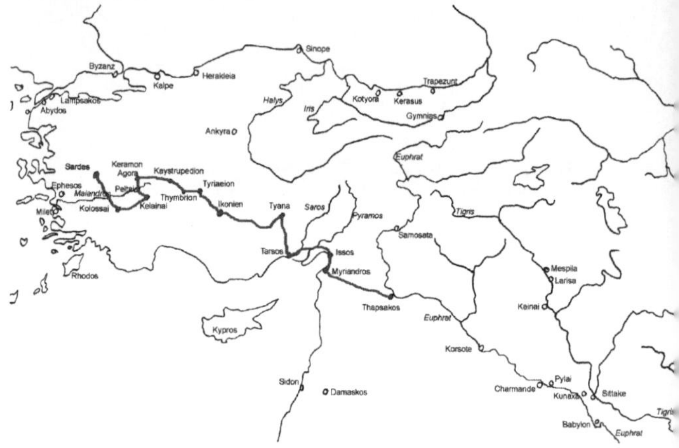

καὶ Κῦρος μεταπεμψάμενος τοὺς στρατηγοὺς τῶν Ἑλλήνων ἔλεγεν, ὅτι ἡ ὁδὸς ἔσοιτο πρὸς βασιλέα μέγαν εἰς Βαβυλῶνα· καὶ κελεύει αὐτοὺς λέγειν ταῦτα τοῖς στρατιώταις καὶ ἀναπείθειν ἕπεσθαι. οἱ δὲ ποιήσαντες ἐκκλησίαν ἀπήγγελλον ταῦτα· οἱ δὲ στρατιῶται ἐχαλέπαινον τοῖς στρατηγοῖς καὶ ἔφασαν αὐτοὺς πάλαι ταῦτ᾽ εἰδότας κρύπτειν καὶ οὐκ ἔφασαν ἰέναι, ἐὰν μή τις αὐτοῖς χρήματα διδῷ, ὥσπερ τοῖς προτέροις μετὰ Κύρου ἀναβᾶσι παρὰ τὸν πατέρα τοῦ Κύρου, καὶ ταῦτα οὐκ ἐπὶ μάχην ἰόντων[1], ἀλλὰ καλοῦντος τοῦ πατρὸς Κῦρον. ταῦτα οἱ στρατηγοὶ Κύρῳ ἀπήγγελλον· ὁ δ᾽ ὑπέσχετο ἀνδρὶ ἑκάστῳ δώσειν πέντε ἀργυρίου μνᾶς[2], ἐπὰν εἰς Βαβυλῶνα ἥκωσι, καὶ τὸν μισθὸν ἐντελῆ[3], μέχρι ἂν καταστήσῃ τοὺς Ἕλληνας εἰς Ἰωνίαν πάλιν. τὸ μὲν δὴ πολὺ τοῦ Ἑλληνικοῦ[4] οὕτως ἐπείσθη.

1 ἰόντων: *Gen. abs.: inhaltlich auf* προτέροις *beziehen*

2 ἡ μνᾶ: Mine (Münzeinheit, entspricht 100 Drachmen)

3 ἐντελής: ganz

4 τοῦ Ἑλληνικοῦ: *erg.* στρατεύματος

1. Erkläre die Form ἔσοιτο in Z. 2.
2. Begründe, warum die Soldaten grollen.

Der Zug durch Arabien

ἐντεῦθεν ἐξελαύνει διὰ τῆς Ἀραβίας τὸν Εὐφράτην ποταμὸν ἐν δεξιᾷ ἔχων[1] σταθμοὺς ἐρήμους πέντε παρασάγγας τριάκοντα καὶ πέντε. ἐν τούτῳ δὲ τῷ τόπῳ ἦν μὲν ἡ γῆ πεδίον ἅπαν ὁμαλὲς[2] ὥσπερ θάλαττα, ἀψινθίου[3] δὲ πλῆρες· εἰ δέ τι καὶ ἄλλο ἐνῆν ὕλης ἢ καλάμου[4], ἅπαντα ἦσαν εὐώδη[5] ὥσπερ ἀρώματα[6]· δένδρον δ᾽ οὐδὲν ἐνῆν, θηρία δὲ παντοῖα[7], πλεῖστοι ὄνοι ἄγριοι, πολλαὶ δὲ στρουθοὶ[8] αἱ μεγάλαι· ἐνῆσαν δὲ καὶ ὠτίδες[9] καὶ δορκάδες[10]· ταῦτα δὲ τὰ θηρία οἱ ἱππεῖς ἐνίοτε ἐδίωκον. καὶ οἱ μὲν ὄνοι, ἐπεί τις διώκοι, προδραμόντες ἕστασαν· πολὺ γὰρ τῶν ἵππων ἔτρεχον θᾶττον· καὶ πάλιν, ἐπεὶ πλησιάζοιεν οἱ ἵπποι, ταὐτὸν ἐποίουν, καὶ οὐκ ἦν[11] λαβεῖν, εἰ μὴ διαστάντες[12] οἱ ἱππεῖς θηρῷεν διαδεχόμενοι[13]. τὰ δὲ κρέα τῶν ἁλισκομένων ἦν παραπλήσια τοῖς ἐλαφείοις[14], ἁπαλώτερα[15] δέ.

1 ἐν δεξιᾷ ἔχων: zur Rechten
2 ὁμαλής, ές: gleichförmig
3 τὸ ἀψίνθιον: der Wermut
4 ὁ κάλαμος: das Schilfrohr
5 εὐώδης: duftend
6 τὸ ἄρωμα: das Gewürz
7 παντοῖος: viele verschiedene
8 ἡ στρουθός: der Strauß
9 ἡ ὠτίς, ίδος: die Trappe
10 ἡ δορκάς, άδος: die Gazelle
11 οὐκ ἔστιν: es ist nicht möglich
12 διίστασθαι: sich getrennt aufstellen
13 διαδέχεσθαι: einander ablösen
14 ἐλαφείος: *Adj. zu* ὁ ἔλαφος: der Hirsch
15 ἁπαλός: zart

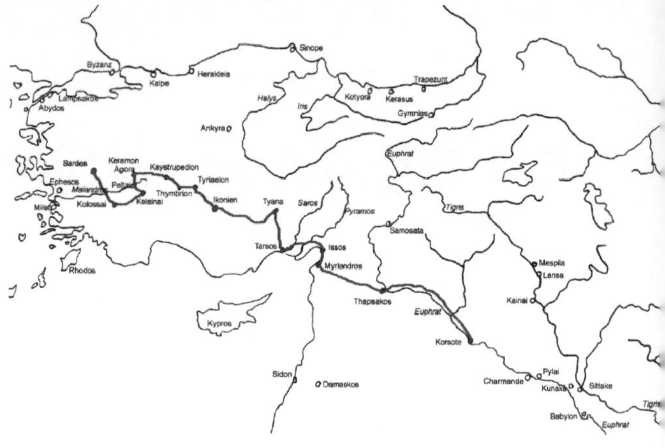

στρουθὸν δὲ οὐδεὶς ἔλαβεν· οἱ δὲ διώξαντες τῶν ἱππέων ταχὺ ἐπαύοντο· πολὺ γὰρ ἀπέσπα[16] ἀποφεύγουσα, τοῖς μὲν ποσὶ δρόμῳ, ταῖς δὲ πτέρυξιν[17] αἴρουσα[18], ὥσπερ ἱστίῳ[19] χρωμένη. τὰς δὲ ὠτίδας ἄν τις ταχὺ ἀνιστῇ[20] ἔστι λαμβάνειν· πέτονται γὰρ βραχὺ ὥσπερ πέρδικες[21] καὶ ταχὺ ἀπαγορεύουσι[22]. τὰ δὲ κρέα αὐτῶν ἥδιστα ἦν.

16 ἀποσπᾶν: wegrennen
17 ἡ πτέρυξ, υγος = τὸ πτερόν
18 αἴρειν: sich aufrichten
19 τὸ ἱστίον: das Segel
20 ἀνιστάναι: *hier:* aufscheuchen
21 ἡ πέρδιξ, ικος: das Rebhuhn
22 ἀπαγορεύειν: ermüden

1. Vergleiche den Text mit dem Alexander von Humboldts (s. nächste Seite).
2. Beschreibe die Atmosphäre in diesem Kapitel.

Ein anderer Abenteurer: Alexander von Humboldt

Alexander von Humboldt (1769–1859), ein bedeutender Naturforscher, wurde durch seine Südamerikareise von 1799 bis 1804 weltberühmt. Der folgende Textauszug stammt aus »Ansichten der Natur«, welche 1808 veröffentlicht wurden; Fragmente davon hatte von Humboldt bereits während der Reise niedergeschrieben.

Durch den Rio Apure, dessen Überschwemmungen ich in dem Aufsatz über die Wüsten und Steppen gedacht, gelangten wir, von Westen gegen Osten schiffend, in das Bette des Orinoco. Es war die Zeit des niedrigen Wasserstandes. Der Apure hatte kaum 1 200 Fuß mittlerer Breite, während ich die des Orinoco bei seinem Zusammenfluß mit dem Apure (unfern dem Granitfelsen Curiquima, wo ich eine Standlinie messen konnte) noch über 11.430 Fuß fand. Doch ist dieser Punkt, der Fels Curiquima, in gerader Linie noch hundert geographische Meilen vom Meere und von dem Delta des Orinoco entfernt. Ein Teil der Ebenen, die der Apure und der Payara durchströmen, ist von Stämmen der Yaruros und Achaguas bewohnt. In den Missionsdörfern der Mönche werden sie Wilde genannt, weil sie unabhängig leben wollen. In dem Grad ihrer sittlichen Rohheit stehen sie aber sehr gleich mit denen, die, getauft, »unter der Glocke (bajo la campana)« leben und doch jedem Unterrichte, jeder Belehrung fremd bleiben.

Von der Insel del Diamante an, auf welcher die spanisch sprechenden Zambos Zuckerrohr bauen, tritt man in eine große und wilde Natur. Die Luft war von zahllosen Flamingos (Phoenicopterus) und anderen Wasservögeln erfüllt, die, wie ein dunkles, in seinen Umrissen stets wechselndes Gewölk, sich von dem blauen Himmelsgewölbe abhoben. Das Flußbette verengte sich bis zu 900 Fuß Breite und bildete in vollkommen gerader Richtung einen Kanal, der auf beiden Seiten von dichter Waldung umgeben ist. Der Rand des Waldes bietet einen ungewohnten Anblick dar. Vor der fast undurchdringlichen Wand riesenartiger Stämme von Caesalpinia, Cedrela und Desmanthus erhebt sich auf dem sandigen Flußufer selbst, mit großer Regelmäßigkeit, eine niedrige Hecke von Sauso. (…)

Während wir 74 Tage lang auf einer wenig unterbrochenen Flußschiffahrt von 380 geographischen Meilen auf dem Orinoco, bis seinen Quellen nahe, auf dem Cassiquiare und dem Rio Negro in ein enges Canot eingesperrt waren, hat sich uns an vielen Punkten dasselbe Schauspiel wiederholt; ich darf hinzusetzen: immer mit neuem Reize. Es erscheinen, um zu trinken, sich zu baden oder zu fischen, gruppenweise Geschöpfe der verschiedensten Tierklassen: mit den großen Mammalien vielfarbige Reiher, Palamedeen und die stolz einherschreitenden Hokkohühner (Crax Alector, C. Pauxi). »Hier geht es zu wie im Paradiese, es como en el Paraiso«, sagte mit frommer Miene unser Steuermann, ein alter Indianer, der in dem Hause eines Geistlichen erzogen war. Aber der süße Friede goldener Urzeit herrscht nicht in dem Paradiese der amerikanischen Tierwelt. Die Geschöpfe sondern, beobachten und meiden sich. Die Capybara, das 3 bis 4 Fuß lange Wasserschwein, eine kolossale Wiederholung des gewöhnlichen brasilianischen Meerschweinchens (Cavia Aguti), wird im Flusse vom Krokodil, auf der Trockne vom Tiger gefressen. Es läuft dazu so schlecht, daß wir mehrmals einzelne aus der zahlreichen Herde haben einholen und erhaschen können.

Der Zug durch Babylonien, Musterung

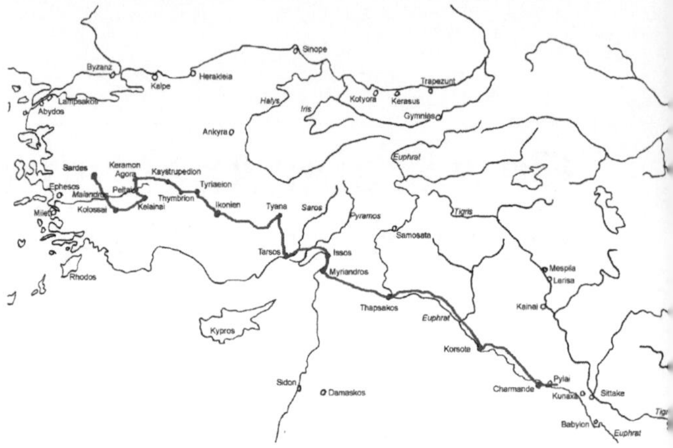

ἐντεῦθεν ἐξελαύνει διὰ τῆς Βαβυλωνίας σταθμοὺς τρεῖς παρασάγγας δώδεκα. ἐν δὲ τῷ τρίτῳ σταθμῷ Κῦρος ἐξέτασιν[1] ποιεῖται τῶν Ἑλλήνων καὶ τῶν βαρβάρων ἐν τῷ πεδίῳ περὶ μέσας νύκτας· ἐδόκει γὰρ εἰς τὴν ἐπιοῦσαν ἕω[2] ἥξειν βασιλέα σὺν τῷ στρατεύματι μαχούμενον· καὶ ἐκέλευε Κλέαρχον μὲν τοῦ δεξιοῦ κέρως[3] ἡγεῖσθαι, Μένωνα δὲ τὸν Θετταλὸν τοῦ εὐωνύμου, αὐτὸς δὲ τοὺς ἑαυτοῦ διέταξε. (…) ἐνταῦθα δὴ ἐν τῇ ἐξοπλισίᾳ[4] ἀριθμὸς ἐγένετο τῶν μὲν Ἑλλήνων ἀσπὶς[5] μυρία καὶ τετρακοσία, πελτασταὶ[6] δὲ δισχίλιοι καὶ πεντακόσιοι, τῶν δὲ μετὰ Κύρου βαρβάρων δέκα μυριάδες[7] καὶ ἅρματα δρεπανηφόρα[8] ἀμφὶ τὰ εἴκοσι. τῶν δὲ πολεμίων ἐλέγοντο εἶναι ἑκατὸν καὶ εἴκοσι μυριάδες καὶ ἅρματα δρεπανηφόρα διακόσια. ἄλλοι δὲ ἦσαν ἑξακισχίλιοι ἱππεῖς, ὧν Ἀρταγέρσης ἦρχεν· οὗτοι δ' αὖ πρὸ αὐτοῦ βασιλέως τεταγμένοι ἦσαν.

1 ἡ ἐξέτασις: die Musterung

2 εἰς τὴν ἐπιοῦσαν ἕω: am nächsten Morgen

3 τὸ κέρας, -ατος u. -ως: der Heeresflügel

4 ἡ ἐξοπλισία: die Musterung

5 ἡ ἀσπίς: *gemeint sind* οἱ ὁπλῖται: die Schwerbewaffneten

6 ὁ πελταστής: der Leichtbewaffnete

7 ἡ μυριάς: Zehntausendschaft, *Bezeichnung für eine sehr große milit. Einheit im persischen Heer*

8 τὸ ἅρμα δρεπανηφόρον: der Sichelwagen (Kampfwagen für die Schlacht)

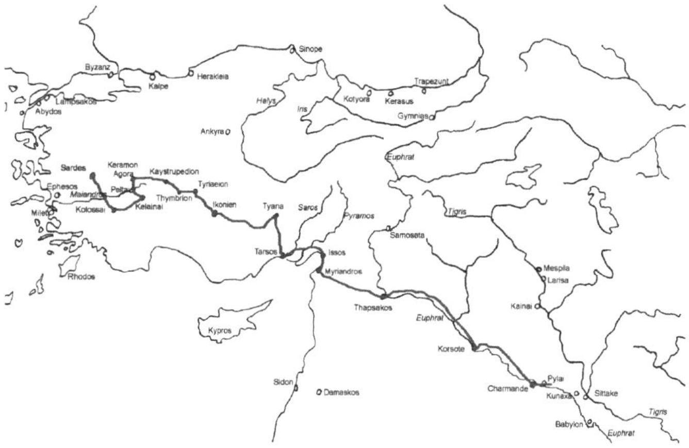

τοῦ δὲ βασιλέως στρατεύματος ἦσαν ἄρχοντες καὶ στρατηγοὶ καὶ ἡγεμόνες τέτταρες, τριάκοντα μυριάδων ἕκαστος, Ἀβροκόμας, Τισσαφέρνης, Γωβρύας, Ἀρβάκης. τούτων δὲ παρεγένοντο ἐν τῇ μάχῃ ἐνενήκοντα μυριάδες καὶ ἅρματα δρεπανηφόρα ἑκατὸν καὶ πεντήκοντα· Ἀβροκόμας δὲ ὑστέρησε[9] τῆς μάχης ἡμέραις πέντε ἐκ Φοινίκης ἐλαύνων. ταῦτα δὲ ἤγγελλον πρὸς Κῦρον οἱ αὐτομολήσαντες[10] παρὰ μεγάλου βασιλέως πρὸ τῆς μάχης, καὶ μετὰ τὴν μάχην οἳ ὕστερον ἐλήφθησαν τῶν πολεμίων ταὐτὰ ἤγγελλον.

9 ὑστερεῖν: zu etwas zu spät kommen

10 ὁ αὐτομολήσας: der Überläufer

1. Markiere alle Zahlwörter im Text.
2. Bewerte die Zahlenangaben Xenophons.

Die Schlacht bei Kunaxa

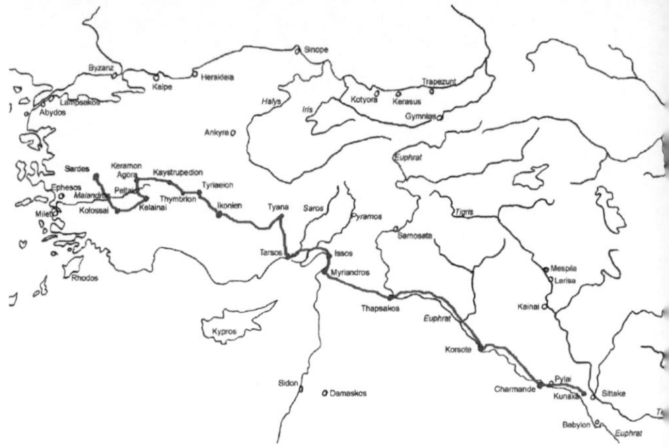

καὶ ἤδη τε ἦν μέσον ἡμέρας καὶ οὔπω καταφανεῖς ἦσαν οἱ πολέμιοι· ἡνίκα δὲ δείλη[1] ἐγίγνετο, ἐφάνη κονιορτὸς[2] ὥσπερ νεφέλη λευκή, χρόνῳ δὲ συχνῷ ὕστερον[3] ὥσπερ μελανία[4] τις ἐν τῷ πεδίῳ ἐπὶ πολύ[5]. ὅτε δὲ ἐγγύτερον ἐγίγνοντο, τάχα δὴ[6] καὶ χαλκός τις[7] ἤστραπτε[8] καὶ λόγχαι[9] καὶ αἱ τάξεις[10] καταφανεῖς ἐγίγνοντο. καὶ ἦσαν ἱππεῖς μὲν λευκοθώρακες[11] ἐπὶ τοῦ εὐωνύμου τῶν πολεμίων· Τισσαφέρνης ἐλέγετο τούτων ἄρχειν· ἐχόμενοι[12] δὲ γερροφόροι[13], ἐχόμενοι δὲ ὁπλῖται σὺν ποδήρεσι[14] ξυλίναις[15] ἀσπίσιν. Αἰγύπτιοι δ᾽ οὗτοι ἐλέγοντο εἶναι· ἄλλοι δ᾽ ἱππεῖς, ἄλλοι τοξόται. πάντες δ᾽ οὗτοι κατὰ ἔθνη ἐν πλαισίῳ[16] πλήρει ἀνθρώπων – ἕκαστον[17] τὸ ἔθνος ἐπορεύετο.

1 ἡ δείλη: der Nachmittag
2 ὁ κονιορτός: der Staubwirbel
3 χρόνῳ συχνῷ ὕστερον: einige Zeit später
4 ἡ μελανία: die schwarze Wolke
5 ἐπὶ πολύ: weit hin
6 τάχα δή: da schon
7 τις: *hier:* hier und dort
8 ἀστράπτειν: blitzen
9 ἡ λόγχη: die Lanze
10 ἡ τάξις: die Formation, die Abteilung
11 λευκοθώραξ: mit weißem Brustpanzer
12 ἔχεσθαι: sich anschließen
13 ὁ γερροφόρος: der Flechtschildträger
14 ποδήρης: bis auf die Füße reichend
15 ξύλινος: *Adj. zu* τὸ ξύλον
16 τὸ πλαίσιον: das Viereck
17 ἕκαστον: jedes für sich

πρὸ δὲ αὐτῶν ἅρματα διαλείποντα συχνὸν[18] ἀπ᾽ ἀλλήλων τὰ δὴ δρεπανηφόρα καλούμενα· εἶχον δὲ τὰ δρέπανα[19] ἐκ τῶν ἀξόνων[20] εἰς πλάγιον ἀποτεταμένα[21] καὶ ὑπὸ τοῖς δίφροις[22] εἰς γῆν βλέποντα[23] ὡς διακόπτειν[24], ὅτῳ ἐντυγχάνοιεν. ἡ δὲ γνώμη ἦν ὡς[25] εἰς τὰς τάξεις τῶν Ἑλλήνων ἐλῶντα καὶ διακόψοντα[26]. ὃ μέντοι Κῦρος εἶπεν ὅτε καλέσας παρεκελεύετο τοῖς Ἕλλησι τὴν κραυγὴν[27] τῶν βαρβάρων ἀνέχεσθαι, ἐψεύσθη τοῦτο· οὐ γὰρ κραυγῇ ἀλλὰ σιγῇ ὡς ἀνυστὸν[28] καὶ ἡσυχῇ ἐν ἴσῳ καὶ βραδέως προσῇσαν. καὶ ἐν τούτῳ Κῦρος παρελαύνων αὐτὸς σὺν Πίγρητι τῷ ἑρμηνεῖ[29] καὶ ἄλλοις τρισὶν ἢ τέτταρσι τῷ Κλεάρχῳ ἐβόα ἄγειν τὸ στράτευμα κατὰ μέσον τὸ τῶν πολεμίων, ὅτι ἐκεῖ βασιλεὺς εἴη· κἂν τοῦτ᾽, ἔφη, νικῶμεν, πάνθ᾽ ἡμῖν πεποίηται.

18 διαλείπειν συχνόν: einen großen Abstand halten

19 τὸ δρέπανον: die Sichel

20 ὁ ἄξων, -ονος: die Achse

21 εἰς πλάγιον ἀποτεταμένος: schräg abstehend

22 ὁ δίφρος: der Wagenkasten

23 εἰς γῆν βλέπων: zum Boden gerichtet

24 διακόπτειν: auseinanderschlagen

25 ἡ δὲ γνώμη ἐστι ὡς + Part.fut.: es ist die Absicht, etwas zu tun

26 ἐλῶντα καὶ διακόψοντα: *ergänze* ἅρματα

27 ἡ κραυγή: das Geschrei

28 ὡς ἀνυστὸν: wie überhaupt möglich

29 ὁ ἑρμηνεύς: der Dolmetscher

1. Wenn man die Zeilen 1–28 der Schlacht bei Kunaxa filmisch umsetzen wollte: Wie könnten die Kameraeinstellungen gewählt werden? Skizziere, wie die Bilder dann aussähen.
2. Beschreibe, wie das Szenario auf den Leser wirkt.
3. Erkläre, welche Strategie Kyros verfolgt und warum.

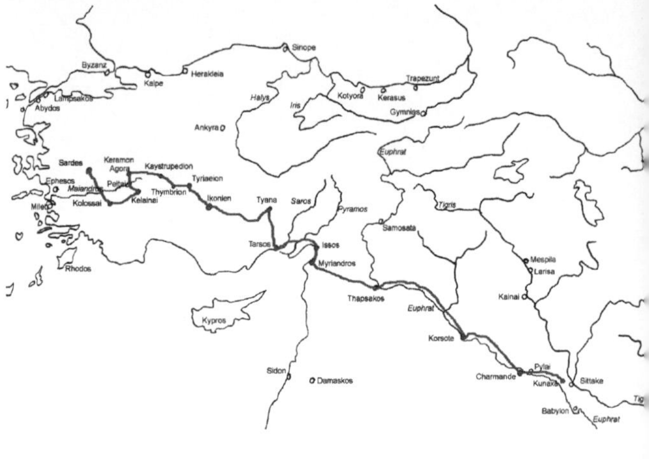

ὁρῶν δὲ ὁ Κλέαρχος τὸ μέσον στῖφος[29] καὶ ἀκούων Κύρου ἔξω ὄντα τοῦ Ἑλληνικοῦ εὐωνύμου βασιλέα – τοσοῦτον γὰρ πλήθει περιῆν βασιλεὺς ὥστε μέσον τῶν ἑαυτοῦ ἔχων τοῦ Κύρου εὐωνύμου ἔξω ἦν – ἀλλ᾽ ὅμως ὁ Κλέαρχος οὐκ ἤθελεν ἀποσπάσαι ἀπὸ τοῦ ποταμοῦ τὸ δεξιὸν κέρας φοβούμενος μὴ κυκλωθείη ἑκατέρωθεν, τῷ δὲ Κύρῳ ἀπεκρίνατο ὅτι αὐτῷ μέλει ὅπως καλῶς ἔχοι. καὶ ἐν τούτῳ τῷ καιρῷ τὸ μὲν βαρβαρικὸν στράτευμα ὁμαλῶς[30] προῄει, τὸ δὲ Ἑλληνικὸν ἔτι ἐν τῷ αὐτῷ μένον συνετάττετο ἐκ τῶν ἔτι προσιόντων. καὶ ὁ Κῦρος παρελαύνων οὐ πάνυ πρὸς[31] αὐτῷ στρατεύματι κατεθεᾶτο ἑκατέρωσε ἀποβλέπων εἴς τε τοὺς πολεμίους καὶ τοὺς φίλους. ἰδὼν δὲ αὐτὸν ἀπὸ τοῦ Ἑλληνικοῦ Ξενοφῶν Ἀθηναῖος, πελάσας ὡς συναντῆσαι ἤρετο εἴ τι παραγγέλλοι· ὁ δ᾽ ἐπιστήσας[32] εἶπε καὶ λέγειν ἐκέλευε πᾶσιν, ὅτι καὶ τὰ ἱερὰ καλὰ καὶ τὰ σφάγια καλά.

29 τὸ στῖφος: die Menge

30 ὁμαλῶς: *hier:* geschlossen

31 οὐ πάνυ πρός: in nicht geringem Abstand neben

32 ἐπίστημι: anhalten

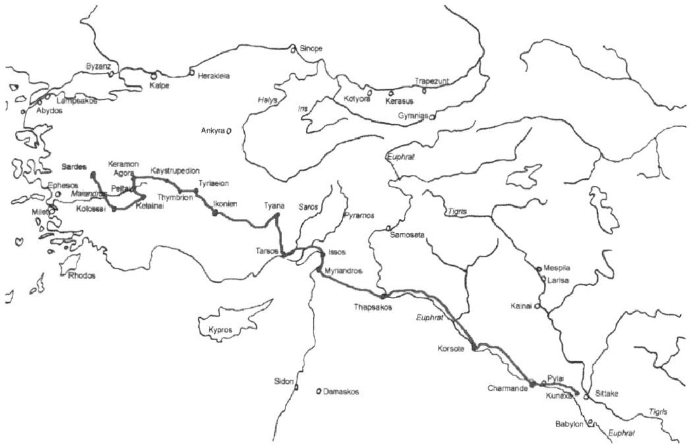

ταῦτα δὲ λέγων θορύβου ἤκουσε διὰ τῶν τάξεων ἰόντος, καὶ ἤρετο τίς ὁ θόρυβος εἴη. ὁ δὲ εἶπεν ὅτι σύνθημα[33] παρέρχεται δεύτερον ἤδη. καὶ ὃς ἐθαύμασε τίς παραγγέλλει καὶ ἤρετο ὅ τι εἴη τὸ σύνθημα. ὁ δ᾽ ἀπεκρίνατο· Ζεὺς σωτὴρ καὶ νίκη. ὁ δὲ Κῦρος ἀκούσας, »ἀλλὰ δέχομαί τε, ἔφη, καὶ τοῦτο ἔστω.« ταῦτα δ᾽ εἰπὼν εἰς τὴν αὑτοῦ χώραν ἀπήλαυνε. καὶ οὐκέτι τρία ἢ τέτταρα στάδια διειχέτην[34] τὼ φάλαγγε ἀπ᾽ ἀλλήλων ἡνίκα ἐπαιάνιζόν[35] τε οἱ Ἕλληνες καὶ ἤρχοντο ἀντίοι ἰέναι τοῖς πολεμίοις. ὡς δὲ πορευομένων ἐξεκύμαινέ[36] τι τῆς φάλαγγος, τὸ ὑπολειπόμενον ἤρξατο δρόμῳ θεῖν· καὶ ἅμα ἐφθέγξαντο[37] πάντες οἷον τῷ Ἐνυαλίῳ ἐλελίζουσι[38] καὶ πάντες δὲ ἔθεον. λέγουσι δέ τινες ὡς καὶ ταῖς ἀσπίσι πρὸς τὰ δόρατα ἐδούπησαν[39] φόβον ποιοῦντες τοῖς ἵπποις. πρὶν δὲ τόξευμα ἐξικνεῖσθαι ἐκκλίνουσιν οἱ βάρβαροι καὶ φεύγουσι.

33 τὸ σύνθημα: die Losung

34 διειχέτην: *Dual:* sie waren entfernt

35 παιανίζειν: den Paian (Kriegsgesang) anstimmen

36 ἐκκυμαίνειν: wie eine Woge nach vorn drängen

37 φθέγγεσθαι: lärmen

38 Ἐνυαλίῳ ἐλελίζειν: zu Enualios (Beiname des Ares) das Kriegsgeschrei erheben

39 δουπεῖν: dröhnen

Überlege, wo sich Xenophon während der Schlacht befindet.

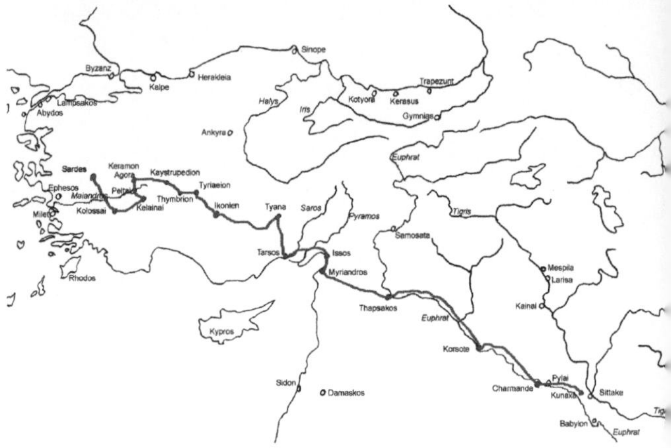

καὶ ἐνταῦθα δὴ ἐδίωκον μὲν κατὰ κράτος οἱ Ἕλληνες, ἐβόων δὲ ἀλλήλοις μὴ θεῖν δρόμῳ, ἀλλ᾽ ἐν τάξει ἕπεσθαι. τὰ δ᾽ ἅρματα ἐφέροντο τὰ μὲν δι᾽ αὐτῶν τῶν πολεμίων, τὰ δὲ καὶ διὰ τῶν Ἑλλήνων κενὰ ἡνιόχων[40]. οἱ δ᾽ ἐπεὶ προΐδοιεν, διίσταντο· ἔστι δ᾽ ὅστις καὶ κατελήφθη ὥσπερ ἐν ἱπποδρόμῳ ἐκπλαγείς[41]· καὶ οὐδὲν μέντοι οὐδὲ τοῦτον παθεῖν ἔφασαν, οὐδ᾽ ἄλλος δὲ τῶν Ἑλλήνων ἐν ταύτῃ τῇ μάχῃ ἔπαθεν οὐδεὶς οὐδέν, πλὴν ἐπὶ τῷ εὐωνύμῳ τοξευθῆναί τις ἐλέγετο. Κῦρος δ᾽ ὁρῶν τοὺς Ἕλληνας νικῶντας τὸ καθ᾽ αὑτοὺς[42] καὶ διώκοντας, ἡδόμενος καὶ προσκυνούμενος[43] ἤδη ὡς βασιλεὺς ὑπὸ τῶν ἀμφ᾽ αὐτόν, οὐδ᾽ ὣς ἐξήχθη[44] διώκειν, ἀλλὰ συνεσπειραμένην[45] ἔχων τὴν τῶν σὺν ἑαυτῷ ἑξακοσίων ἱππέων τάξιν ἐπεμελεῖτο ὅ τι ποιήσει βασιλεύς.

40 ὁ ἡνίοχος: der Wagenlenker

41 ἐκπλαγής: starr vor Schreck

42 τὸ καθ᾽ αὑτούς: ihre Gegner

43 προσκυνεῖν: auf die Knie fallen und verehren

44 ἐξάγεσθαι: sich hinreißen lassen

45 συσπειρᾶσθαι: sich zusammenschließen

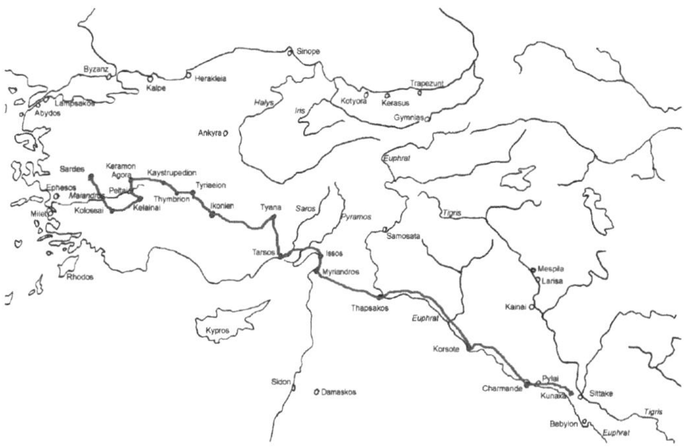

καὶ γὰρ ᾔδει αὐτὸν ὅτι μέσον ἔχοι τοῦ Περσικοῦ στρατεύματος. καὶ[46] πάντες δ᾿ οἱ τῶν βαρβάρων ἄρχοντες μέσον ἔχοντες τὸ αὑτῶν[47] ἡγοῦνται νομίζοντες οὕτω καὶ ἐν ἀσφαλεστάτῳ εἶναι, ἢν ᾖ ἡ ἰσχὺς[48] αὑτῶν ἑκατέρωθεν, καὶ εἴ τι παραγγεῖλαι χρῄζοιεν, ἡμίσει ἂν χρόνῳ αἰσθάνεσθαι τὸ στράτευμα. καὶ βασιλεὺς δὴ τότε μέσον ἔχων τῆς αὑτοῦ στρατιᾶς ὅμως ἔξω ἐγένετο[49] τοῦ Κύρου εὐωνύμου κέρατος. ἐπεὶ δ᾿ οὐδεὶς αὐτῷ ἐμάχετο ἐκ τοῦ ἀντίου[50] οὐδὲ τοῖς αὐτοῦ τεταγμένοις ἔμπροσθεν, ἐπέκαμπτεν[51] ὡς εἰς κύκλωσιν[52]. ἔνθα δὴ Κῦρος δείσας μὴ ὄπισθεν γενόμενος κατακόψῃ τὸ Ἑλληνικὸν ἐλαύνει ἀντίος· καὶ ἐμβαλὼν σὺν τοῖς ἑξακοσίοις νικᾷ τοὺς πρὸ βασιλέως τεταγμένους καὶ εἰς φυγὴν ἔτρεψε τοὺς ἑξακισχιλίους καὶ ἀποκτεῖναι λέγεται αὐτὸς τῇ ἑαυτοῦ χειρὶ Ἀρταγέρσην τὸν ἄρχοντα αὐτῶν.

46 καί: übrigens

47 *Konstruiere:* μέσον τὸ αὑτῶν ἔχοντες

48 ἡ ἰσχύς, ύος: die Streitmacht

49 ἔξω γίγνεσθαι: sich außerhalb von etw. wiederfinden

50 ἐκ τοῦ ἀντίου: von der entgegengesetzten Seite

51 ἐπικάμπτειν: einbiegen

52 ἡ κύκλωσις: die Umzingelung

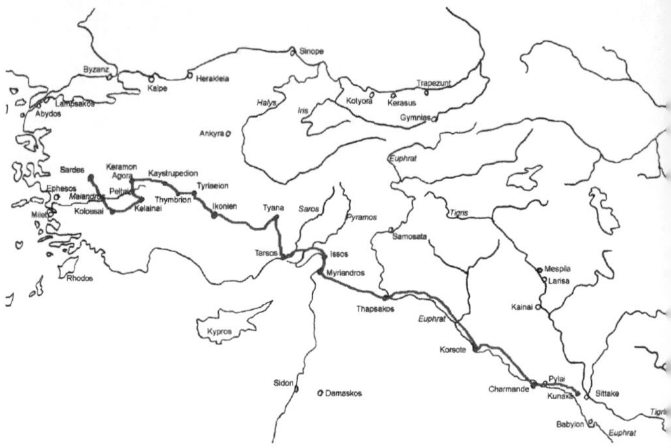

ὡς δ᾽ ἡ τροπὴ[53] ἐγένετο, διασπείρονται[54] καὶ οἱ Κύρου ἑξακόσιοι εἰς τὸ διώκειν ὁρμήσαντες, πλὴν[55] πάνυ ὀλίγοι ἀμφ᾽ αὐτὸν κατελείφθησαν, σχεδὸν[56] οἱ ὁμοτράπεζοι[57] καλούμενοι. σὺν τούτοις δὲ ὢν καθορᾷ βασιλέα καὶ τὸ ἀμφ᾽ ἐκεῖνον στῖφος· καὶ εὐθὺς οὐκ ἠνέσχετο[58], ἀλλ᾽ εἰπὼν »τὸν ἄνδρα ὁρῶ« ἵετο ἐπ᾽[59] αὐτὸν καὶ παίει[60] κατὰ τὸ στέρνον[61] καὶ τιτρώσκει[62] διὰ τοῦ θώρακος, ὥς φησι Κτησίας ὁ ἰατρός, καὶ ἰᾶσθαι αὐτὸς τὸ τραῦμά φησι. παίοντα δ᾽ αὐτὸν ἀκοντίζει[63] τις παλτῷ[64] ὑπὸ τὸν ὀφθαλμὸν βιαίως· καὶ ἐνταῦθα μαχόμενοι καὶ βασιλεὺς καὶ Κῦρος καὶ οἱ ἀμφ᾽ αὐτοὺς ὑπὲρ ἑκατέρου – ὁπόσοι μὲν τῶν ἀμφὶ βασιλέα ἀπέθνῃσκον, Κτησίας λέγει· παρ᾽ ἐκείνῳ γὰρ ἦν· Κῦρος δὲ αὐτός τε ἀπέθανε καὶ ὀκτὼ οἱ ἄριστοι τῶν περὶ αὐτὸν ἔκειντο ἐπ᾽ αὐτῷ.

53 ἡ τροπή: die Flucht
54 διασπείρεσθαι: sich zerstreuen
55 πλήν: (und) nur
56 σχεδόν: kaum mehr als
57 ὁ ὁμοτράπεζος: der Tischgenosse
58 ἀνέχεσθαι: an sich halten
59 ἵεσθαι ἐπί + Akk.: sich auf jdn. stürzen
60 παίειν: schlagen
61 τὸ στέρνον: die Brust
62 τιτρώσκειν: verwunden
63 ἀκοντίζειν: treffen (mit e. Speer)
64 τὸ παλτόν: der Wurfspeer

Ktesias stammte aus einer Ärztefamilie aus Knidos. Er kam möglicherweise nach 405 v. Chr. nach Persien und lebte als Leibarzt des Großkönigs und seiner Familie am Hof.
Um 398 v. Chr. vermittelte Ktesias zwischen dem Großkönig und dem athenischen Feldherrn Konon. Als er ausgeschickt worden war, um Verhandlungen mit Sparta zu führen, wurde er auf Rhodos von den Spartanern als Vertreter persischer Interessen vor Gericht gestellt, die Anklage verlief aber erfolglos. Später kehrte Ktesias nach Knidos zurück, wo er seine Werke verfasste. Bekannt wurde er durch die Περσικά, in der er zeitgenössische Geschichte darstellte und seine eigenen Tätigkeiten und Gespräche mit Persern hervorhob. Dabei ging es aber in erster Linie nicht um das Aufdecken historischer Zusammenhänge und Wahrheiten, sondern um eine spannende, sagenhaft ausgeschmückte Erzählung persischer Geschichte.

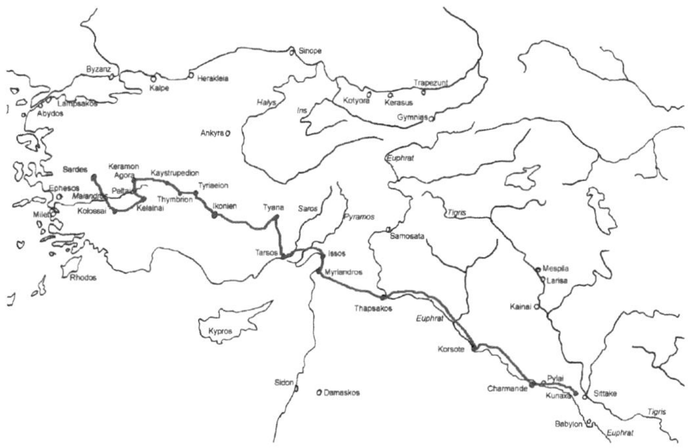

Ἀρταπάτης δ᾽ ὁ πιστότατος αὐτῷ τῶν σκηπτούχων[65] θεράπων λέγεται, ἐπειδὴ πεπτωκότα εἶδε Κῦρον, καταπηδήσας[66] ἀπὸ τοῦ ἵππου περιπεσεῖν αὐτῷ. καὶ οἱ μέν φασι βασιλέα κελεῦσαί τινα ἐπισφάξαι[67] αὐτὸν Κύρῳ, οἱ δ᾽ ἑαυτὸν ἐπισφάξασθαι σπασάμενον τὸν ἀκινάκην[68]· εἶχε γὰρ χρυσοῦν· καὶ στρεπτὸν[69] δ᾽ ἐφόρει[70] καὶ ψέλια[71] καὶ τἆλλα ὥσπερ οἱ ἄριστοι Περσῶν· ἐτετίμητο γὰρ ὑπὸ Κύρου δι᾽ εὔνοιάν[72] τε καὶ πιστότητα.

65 ὁ σκηπτοῦχος: der Zepterträger (hohes Amt bei den Persern)

66 καταπηδᾶν: hinabspringen

67 ἐπισφάττειν: noch zusätzlich abschlachten

68 ὁ ἀκινάκης: der Dolch (pers. Waffe)

69 ὁ στρεπτός: die Halskette

70 φορεῖν = φέρειν

71 τὸ ψέλιον: das Armband

72 ἡ εὔνοια: die Loyalität

Charakterisierung des Kyros

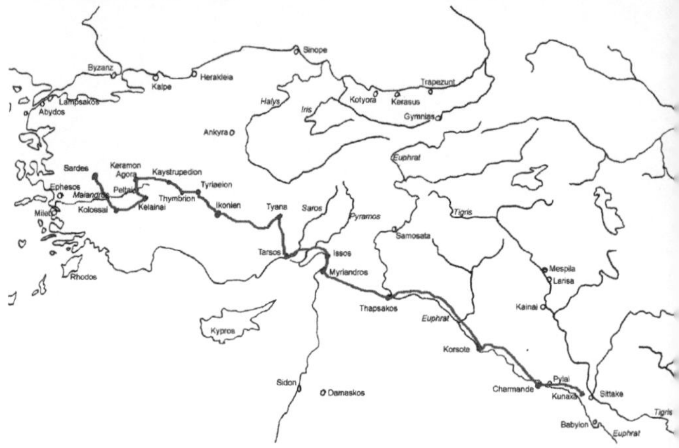

φίλους[1] γε μήν[2], ὅσους ποιήσαιτο καὶ εὔνους γνοίη ὄντας καὶ ἱκανοὺς κρίνειε συνεργοὺς[3] εἶναι ὅ τι τυγχάνει βουλόμενος κατεργάζεσθαι[4], ὁμολογεῖται[5] πρὸς πάντων κράτιστος δὴ γενέσθαι θεραπεύειν[6]. καὶ γὰρ αὐτὸ τοῦτο οὗπερ αὐτὸς ἕνεκα[7] φίλων ᾤετο δεῖσθαι, ὡς συνεργοὺς ἔχοι, καὶ αὐτὸς ἐπειρᾶτο συνεργὸς τοῖς φίλοις κράτιστος εἶναι τούτου ὅτου[8] αἰσθάνοιτο ἕκαστον ἐπιθυμοῦντα. δῶρα δὲ πλεῖστα μὲν οἶμαι εἷς γε ἀνὴρ[9] ἐλάμβανε διὰ πολλά· ταῦτα δὲ πάντων δὴ μάλιστα τοῖς φίλοις διεδίδου[10], πρὸς τοὺς τρόπους ἑκάστου σκοπῶν καὶ ὅτου[11] μάλιστα ὁρῴη ἕκαστον δεόμενον. καὶ ὅσα τῷ σώματι αὐτοῦ πέμποι τις ἢ ὡς εἰς πόλεμον ἢ ὡς εἰς καλλωπισμόν[12], καὶ περὶ τούτων λέγειν αὐτὸν ἔφασαν ὅτι τὸ μὲν ἑαυτοῦ σῶμα οὐκ ἂν δύναιτο τούτοις πᾶσι κοσμηθῆναι, φίλους δὲ καλῶς κεκοσμημένους μέγιστον κόσμον ἀνδρὶ νομίζοι.

1 φίλους: *Obj. zu* θεραπεύειν

2 μήν: wenigstens

3 ὁ συνεργός: der Helfer

4 κατεργάζεσθαι: durchsetzen

5 ὁμολογεῖν: übereinstimmend beurteilen

6 θεραπεύειν + Akk.: jdm. einen Dienst erweisen

7 καὶ γὰρ αὐτὸ τοῦτο οὗπερ ἕνεκα: gerade weil

8 ὅτου: *Genitivobjekt zu* ἐπιθυμοῦντα

9 εἷς ἀνήρ: *prädikativ*

10 διαδίδοναι: verteilen

11 ὅτου: *bezogen auf* δεόμενον

12 ὁ καλλωπισμός: der Schmuck

καὶ τὸ μὲν[13] τὰ μεγάλα νικᾶν[14] τοὺς φίλους εὖ ποιοῦντα οὐδὲν θαυμαστόν, ἐπειδή γε καὶ δυνατώτερος ἦν· τὸ δὲ τῇ ἐπιμελείᾳ περιεῖναι τῶν φίλων καὶ τῷ προθυμεῖσθαι χαρίζεσθαι, ταῦτα ἔμοιγε μᾶλλον δοκεῖ ἀγαστὰ[15] εἶναι. Κῦρος γὰρ ἔπεμπε βίκους[16] οἴνου ἡμιδεεῖς[17] πολλάκις ὁπότε πάνυ ἡδὺν λάβοι, λέγων ὅτι οὔπω δὴ πολλοῦ χρόνου τούτου ἡδίονι οἴνῳ ἐπιτύχοι[18]· »τοῦτον οὖν σοὶ ἔπεμψε καὶ δεῖταί σου τήμερον[19] τοῦτον ἐκπιεῖν σὺν οἷς μάλιστα φιλεῖς.« πολλάκις δὲ χῆνας[20] ἡμιβρώτους[21] ἔπεμπε καὶ ἄρτων ἡμίσεα καὶ ἄλλα τοιαῦτα, ἐπιλέγειν κελεύων τὸν φέροντα·

»τούτοις ἥσθη Κῦρος· βούλεται οὖν καὶ σὲ τούτων γεύσασθαι.«

13 καὶ τὸ μέν: Und dass einerseits ...

14 τὰ μεγάλα νικᾶν: in großen Dingen übertreffen

15 ἀγαστός, ή, όν: bewundernswert

16 ὁ βίκος: der Krug

17 ἡμιδεής: halbvoll

18 ἐπιτυγχάνειν + Dat.: etw. haben

19 τήμερον: heute

20 ὁ χήν, χηνός: die Gans

21 ἡμίβρωτος: halb (aufgegessen)

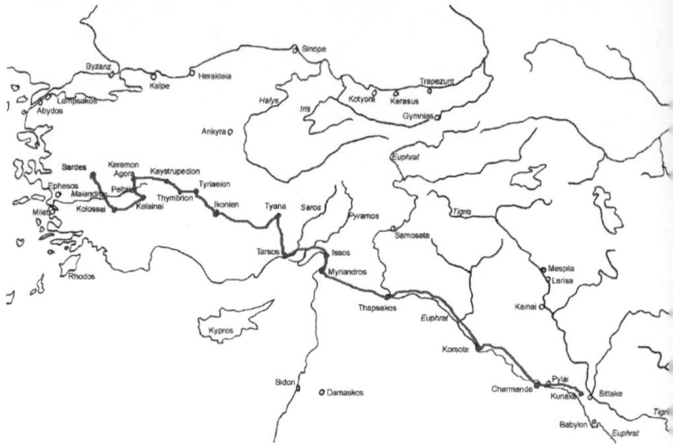

ὅπου[22] δὲ χιλὸς[23] σπάνιος πάνυ εἴη, αὐτὸς δὲ δύναιτο παρασκευάσασθαι[24] διὰ τὸ πολλοὺς ἔχειν ὑπηρέτας καὶ διὰ τὴν ἐπιμέλειαν, διαπέμπων[25] ἐκέλευε τοὺς φίλους τοῖς τὰ ἑαυτῶν σώματα ἄγουσιν[26] ἵπποις ἐμβάλλειν[27] τοῦτον τὸν χιλόν, ὡς μὴ πεινῶντες τοὺς ἑαυτοῦ φίλους ἄγωσιν. εἰ δὲ δή ποτε πορεύοιτο καὶ πλεῖστοι μέλλοιεν ὄψεσθαι, προσκαλῶν τοὺς φίλους ἐσπουδαιολογεῖτο[28], ὡς[29] δηλοίη, οὓς τιμᾷ. ὥστε ἐγὼ μέν γε, ἐξ ὧν ἀκούω, οὐδένα κρίνω ὑπὸ πλειόνων πεφιλῆσθαι[30] οὔτε Ἑλλήνων οὔτε βαρβάρων. τεκμήριον δὲ τούτου καὶ τόδε. παρὰ μὲν Κύρου δούλου[31] ὄντος οὐδεὶς ἀπῄει πρὸς βασιλέα, πλὴν Ὀρόντας ἐπεχείρησε· καὶ οὗτος δὴ ὃν ᾤετο πιστόν οἱ[32] εἶναι ταχὺ αὐτὸν[33] ηὗρε Κύρῳ φιλαίτερον[34] ἢ ἑαυτῷ·

22 ὅπου: sobald
23 ὁ χιλός: das Heu
24 παρασκευάζεσθαι: bereitstellen
25 διαπέμπειν: verteilen
26 ἄγειν: *hier:* tragen
27 ἐμβάλλειν: vorwerfen
28 σπουδαιολογεῖσθαι: ernsthafte Gespräche führen
29 ὡς: *final*
30 φιλεῖν: verehren
31 ὁ δοῦλος: *hier:* der Untertan
32 οἱ = ἑαυτῷ
33 αὐτόν: ein Untergebener des Orontas
34 φιλαίτερος: mehr zugetan

παρὰ δὲ βασιλέως πολλοὶ πρὸς Κῦρον ἀπῆλθον, ἐπειδὴ πολέμιοι ἀλλήλοις ἐγένοντο (καὶ οὗτοι μέντοι οἱ μάλιστα ὑπ᾽ αὐτοῦ ἀγαπώμενοι) νομίζοντες παρὰ Κύρῳ ὄντες ἀγαθοὶ ἀξιωτέρας ἂν τιμῆς τυγχάνειν ἢ παρὰ βασιλεῖ. μέγα δὲ τεκμήριον καὶ τὸ ἐν τῇ τελευτῇ τοῦ βίου αὐτῷ γενόμενον ὅτι καὶ αὐτὸς ἦν ἀγαθὸς καὶ κρίνειν ὀρθῶς ἐδύνατο τοὺς πιστοὺς καὶ εὔνους καὶ βεβαίους. ἀποθνῄσκοντος γὰρ αὐτοῦ πάντες οἱ περὶ αὐτὸν φίλοι καὶ συντράπεζοι ἀπέθανον μαχόμενοι ὑπὲρ Κύρου πλὴν Ἀριαίου· οὗτος δὲ τεταγμένος ἐτύγχανεν ἐπὶ τῷ εὐωνύμῳ τοῦ ἱππικοῦ ἄρχων· ὡς δ᾽ ᾔσθετο Κῦρον πεπτωκότα, ἔφυγεν ἔχων καὶ τὸ στράτευμα πᾶν, οὗ ἡγεῖτο.

1. Gib an, welche besonderen Charakterzüge des Kyros Xenophon in seiner Beschreibung hervorhebt.
2. Überlege, aus welcher Absicht Xenophon diese Charakterisierung des Kyros an dieser Stelle der Anabasis vornimmt.

Das Ende der Schlacht

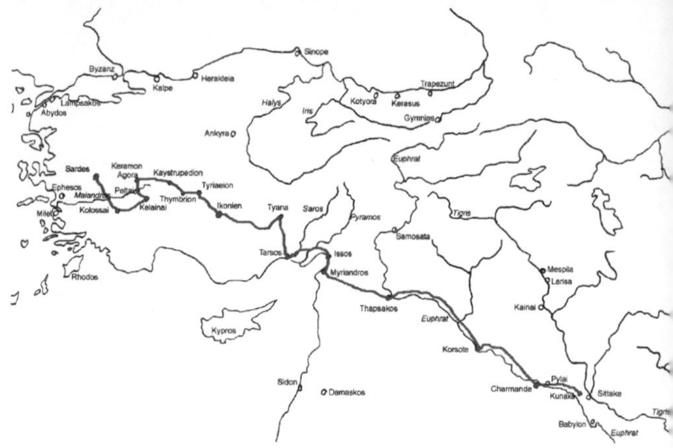

ἐνταῦθα[1] δ᾿ ἔστησαν οἱ Ἕλληνες καὶ θέμενοι[2] τὰ ὅπλα ἀνεπαύοντο· καὶ ἅμα μὲν ἐθαύμαζον ὅτι οὐδαμοῦ Κῦρος φαίνοιτο οὐδ᾿ ἄλλος ἀπ᾿ αὐτοῦ οὐδεὶς παρῄει· οὐ γὰρ ᾔδεσαν αὐτὸν τεθνηκότα, ἀλλ᾿ εἴκαζον ἢ διώκοντα οἴχεσθαι ἢ καταληψόμενόν τι προεληλακέναι[3]· καὶ αὐτοὶ ἐβουλεύοντο εἰ αὐτοῦ[4] μείναντες τὰ σκευοφόρα[5] ἐνταῦθα[6] ἄγοιντο[7] ἢ ἀπίοιεν ἐπὶ τὸ στρατόπεδον. ἔδοξεν αὐτοῖς ἀπιέναι· καὶ ἀφικνοῦνται ἀμφὶ δορπηστὸν[8] ἐπὶ τὰς σκηνάς. ταύτης μὲν τῆς ἡμέρας τοῦτο τὸ τέλος ἐγένετο. καταλαμβάνουσι δὲ τῶν τε ἄλλων χρημάτων τὰ πλεῖστα διηρπασμένα καὶ εἴ τι σιτίον ἢ ποτὸν ἦν, καὶ τὰς ἁμάξας μεστὰς[9] ἀλεύρων[10] καὶ οἴνου, ἃς παρεσκευάσατο Κῦρος, ἵνα εἴ ποτε σφόδρα τὸ στράτευμα λάβοι ἔνδεια[11], διαδιδοίη[12] τοῖς Ἕλλησιν (ἦσαν δ᾿ αὗται τετρακόσιαι, ὡς ἐλέγοντο, ἅμαξαι), καὶ ταύτας τότε οἱ σὺν βασιλεῖ διήρπασαν.

1 ἐνταῦθα → *irgendwo auf dem Schlachtfeld*
2 θέσθαι: niederlegen
3 προελαύνειν: vorausreiten
4 αὐτοῦ: an demselben Ort
5 τὰ σκευοφόρα: der Tross
6 ἐνταῦθα: dorthin
7 ἄγεσθαι: herbeiholen
8 ὁ δορπηστός: die Zeit des Abendessens
9 μεστός, ή, όν + Gen.: voll von etw.
10 τὰ ἄλευρα (Pl.): das Mehl
11 ἡ ἔνδεια: der Mangel
12 διαδιδόναι + Dat.: verteilen unter

ὥστε ἄδειπνοι[13] ἦσαν οἱ πλεῖστοι τῶν Ἑλλήνων· ἦσαν δὲ καὶ ἀνάριστοι[14]· πρὶν γὰρ δὴ καταλῦσαι[15] τὸ στράτευμα πρὸς ἄριστον βασιλεὺς ἐφάνη. ταύτην μὲν οὖν τὴν νύκτα οὕτω διεγένοντο.

13 ἄδειπνος: ohne Mittagessen

14 ἀνάριστος: ohne Frühstück

15 καταλύειν πρὸς ἄριστον: zum Frühstücken anhalten

Charakterisiere die Situation, in der sich die Griechen am Ende der Schlacht befinden.

KATABASIS

Exkurs: Babylon

Unter der Führung Kyros' des Jüngeren drang das griechische Söldnerheer bis in die Nähe von Kunaxa, unweit Babylons, vor. Fast also wäre es bis zu einer bedeutenden Königsresidenz gelangt (andere waren Susa und Ekbatana).

Babylon war 539 v. Chr. Kyros dem Großen nach kurzen Kämpfen um umliegende Gebiete übergeben worden, der vorgefundene soziale, rechtliche und politische Strukturen bestehen ließ und für sich nutzte. Unter seinen Nachfolgern kam es immer wieder zu Aufständen der Babylonier, bis die Stadt unter Xerxes 481 v. Chr. geschleift, der wichtigste Tempel zerstört und die goldene Statue des Gottes Marduk entfernt wurde, sodass Babylon seinen Status als heilige Stadt verlor und politisch an Bedeutsamkeit einbüßte.

Nach der Schlacht von Gaugamela (331 v. Chr.) nahm Alexander der Große die Stadt ein und wollte sie zur Hauptstadt seines Reiches machen, dieser Plan wurde aber nach seinem Tod 323 v. Chr. verworfen. Einer seiner Feldherren, Seleukos, übernahm Babylon und gründete das Seleukidenreich. In späteren Kriegen gegen die Partherkönige und wechselnden Machtübernahmen wurde Babylon verwüstet, bis dort im zweiten nachchristlichen Jahrhundert keine Menschen mehr lebten und die Stadt aus Ruinen bestand.

1985 begann Saddam Hussein, teilweise Rekonstruktionen, teilweise neue Gebäude nach antikem Vorbild auf den Ruinen errichten zu lassen, etwa einen Palast mit einer Aufschrift, in der er sich als Sohn Nebukadnezars bezeichnet. Nach dem Ersten Golfkrieg (1980–1988) wurde noch ein moderner Palast in der Optik eines Zikkurats hinzugebaut, den er »Saddam-Hügel« nannte. Nach dem Sturz Saddam Husseins kam es zu Plünderungen. 2003 machten U.S. Marines den modernen Palast zu einem Stützpunkt, errichteten einen Hubschrauber-Landeplatz und fuhren mit schwerem Gerät umher. 2004 wurde der Stützpunkt aufgegeben.

Heute gibt es Pläne der UNESCO und irakischer Archäologen, die Stätte zu einem Ziel von Kulturtourismus zu machen.

Verrat durch Tissaphernes

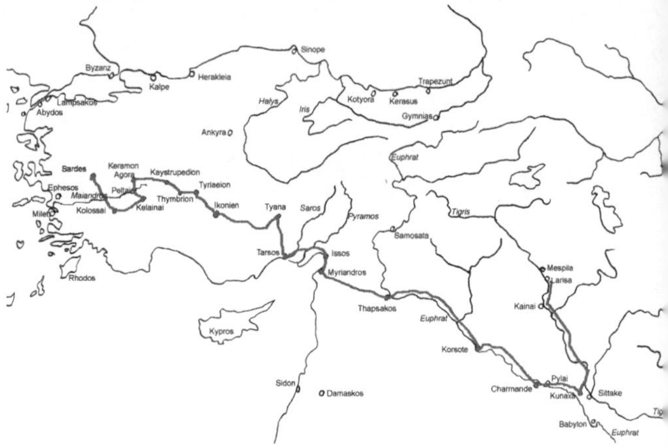

Die griechischen Söldnerführer weigern sich, die Waffen an den Großkönig abzuliefern. Tissaphernes will für die sichere Rückkehr der Griechen sorgen, zwischen den Heeren aber herrscht großes Misstrauen. Vorgeblich, um dieses zu beseitigen, lädt Tissaphernes Klearchos und Begleiter in sein Lager ein.

πρὸ ἐπεὶ δὲ ἦσαν ἐπὶ θύραις ταῖς Τισσαφέρνους, οἱ μὲν στρατηγοὶ παρεκλήθησαν εἴσω, Πρόξενος Βοιώτιος, Μένων Θετταλός, Ἀγίας Ἀρκάς, Κλέαρχος Λάκων, Σωκράτης Ἀχαιός· οἱ δὲ λοχαγοὶ ἐπὶ ταῖς θύραις ἔμενον. οὐ πολλῷ δὲ ὕστερον ἀπὸ τοῦ αὐτοῦ σημείου οἵ τ᾽ ἔνδον ξυνελαμβάνοντο καὶ οἱ ἔξω κατεκόπησαν[1]. μετὰ δὲ ταῦτα τῶν βαρβάρων τινὲς ἱππέων διὰ τοῦ πεδίου ἐλαύνοντες ᾧτινι ἐντυγχάνοιεν Ἕλληνι ἢ δούλῳ ἢ ἐλευθέρῳ πάντας ἔκτεινον. οἱ δὲ Ἕλληνες τήν τε ἱππασίαν[2] ἐθαύμαζον ἐκ τοῦ στρατοπέδου ὁρῶντες καὶ ὅ τι ἐποίουν ἠμφεγνόουν[3], πρὶν Νίκαρχος Ἀρκὰς ἧκε φεύγων τετρωμένος εἰς τὴν γαστέρα[4] καὶ τὰ ἔντερα[5] ἐν ταῖς χερσὶν ἔχων, καὶ εἶπε πάντα τὰ γεγενημένα. ἐκ τούτου δὴ οἱ Ἕλληνες ἔθεον ἐπὶ τὰ ὅπλα πάντες ἐκπεπληγμένοι καὶ νομίζοντες αὐτίκα ἥξειν αὐτοὺς ἐπὶ τὸ στρατόπεδον. οἱ δὲ πάντες μὲν οὐκ ἦλθον, Ἀριαῖος δὲ καὶ Ἀρτάοζος καὶ

1 κατακόπτειν: erschlagen, töten
2 ἡ ἱππασία: der Reiterangriff
3 ἀμφιγνοεῖν: nicht genau wissen
4 ἡ γαστήρ, γαστρός: der Magen
5 τὰ ἔντερα: die Eingeweide

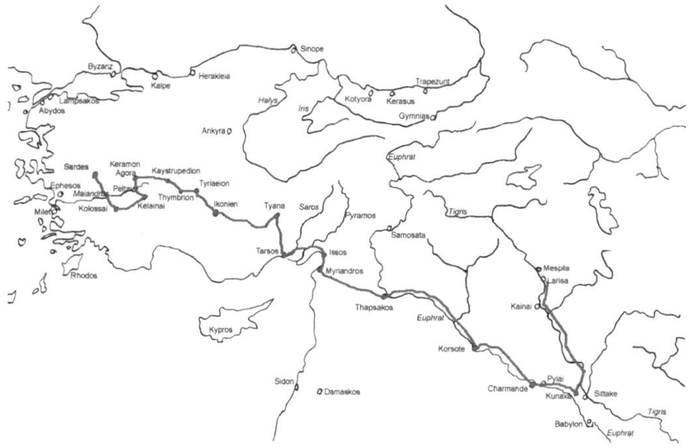

Μιθραδάτης, οἵ ἦσαν Κύρῳ πιστότατοι· ὁ δὲ τῶν Ἑλλήνων ἑρμηνεὺς ἔφη καὶ τὸν Τισσαφέρνους ἀδελφὸν σὺν αὐτοῖς ὁρᾶν καὶ γιγνώσκειν· συνηκολούθουν δὲ καὶ ἄλλοι Περσῶν τεθωρακισμένοι[6] εἰς τριακοσίους. οὗτοι ἐπεὶ ἐγγὺς ἦσαν, προσελθεῖν ἐκέλευον εἴ τις εἴη τῶν Ἑλλήνων στρατηγὸς ἢ λοχαγός[7], ἵνα ἀπαγγείλωσι τὰ παρὰ βασιλέως. μετὰ ταῦτα ἐξῆλθον φυλαττόμενοι[8] τῶν Ἑλλήνων στρατηγοὶ μὲν Κλεάνωρ Ὀρχομένιος καὶ Σοφαίνετος Στυμφάλιος, σὺν αὐτοῖς δὲ Ξενοφῶν Ἀθηναῖος, ὅπως μάθοι τὰ περὶ Προξένου·

6 θωρακίζειν: mit einem Brustpanzer versehen

7 ὁ λοχαγός: der Hauptmann

8 φυλαττόμενοι: sehr vorsichtig

1. Erkläre, worin der Verrat des Tissaphernes besteht.
2. Analysiere, welche Strategie die Perser zu verfolgen scheinen.
3. Überlege, welche Bedeutung dieser Textauszug für den Autor selbst hat.

Ausweglose Lage

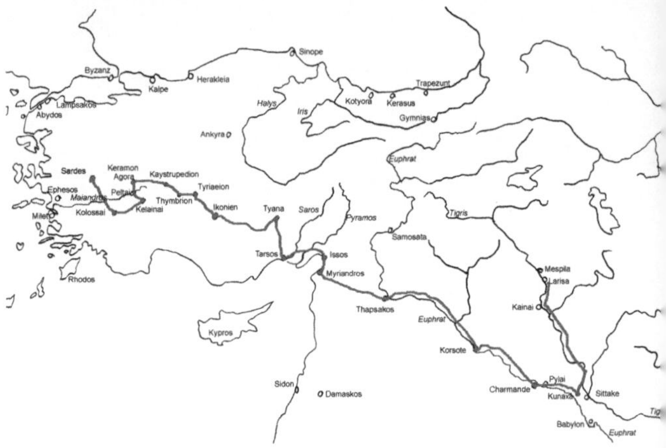

ἐπεὶ δὲ οἱ στρατηγοὶ συνειλημμένοι[1] ἦσαν καὶ τῶν λοχαγῶν καὶ τῶν στρατιωτῶν οἱ συνεπόμενοι ἀπωλώλεσαν, ἐν πολλῇ δὴ ἀπορίᾳ ἦσαν οἱ Ἕλληνες, ἐννοούμενοι[2] ὅτι ἐπὶ ταῖς βασιλέως θύραις[3] ἦσαν, κύκλῳ δὲ αὐτοῖς πάντῃ[4] πολλὰ καὶ ἔθνη καὶ πόλεις πολέμιαι ἦσαν, ἀγορὰν δὲ οὐδεὶς ἔτι παρέξειν ἔμελλεν, ἀπεῖχον δὲ τῆς Ἑλλάδος οὐ μεῖον ἢ μύρια στάδια[5], ἡγεμὼν δ' οὐδεὶς τῆς ὁδοῦ ἦν, ποταμοὶ δὲ διεῖργον[6] ἀδιάβατοι ἐν μέσῳ τῆς οἴκαδε ὁδοῦ, προυδεδώκεσαν δὲ αὐτοὺς καὶ οἱ σὺν Κύρῳ ἀναβάντες βάρβαροι, μόνοι δὲ καταλελειμμένοι ἦσαν οὐδὲ ἱππέα οὐδένα σύμμαχον ἔχοντες, ὥστε εὔδηλον ἦν ὅτι νικῶντες μὲν οὐδένα ἂν κατακάνοιεν[7], ἡττηθέντων δὲ αὐτῶν οὐδεὶς ἂν λειφθείη· ταῦτ' ἐννοούμενοι καὶ ἀθύμως ἔχοντες ὀλίγοι μὲν αὐτῶν εἰς τὴν ἑσπέραν σίτου ἐγεύσαντο[8], ὀλίγοι δὲ πῦρ ἀνέκαυσαν, ἐπὶ δὲ τὰ ὅπλα πολλοὶ οὐκ ἦλθον ταύτην τὴν νύκτα, ἀνεπαύοντο δὲ ὅπου

1 συλλαμβάνειν: gefangen nehmen

2 ἐννοεῖσθαι: darüber nachdenken

3 ἐπὶ ταῖς θύραις: vor den Toren

4 πάντῃ: von allen Seiten

5 οὐ μεῖον ἢ μύρια στάδια: nicht weniger als 10.000 Stadien, ca. 1.800 km

6 διείργειν + Gen.: abhalten von

7 κατακαίνειν: töten

8 γεύεσθαι + Gen.: etw. zu sich nehmen

Führe eine Satzanalyse durch, indem du besonderes Augenmerk auf die Satzreihung, die durch ὅτι eingeleitet wird (Z. 4–12), legst, und die einzelnen Prädikate kennzeichnest.

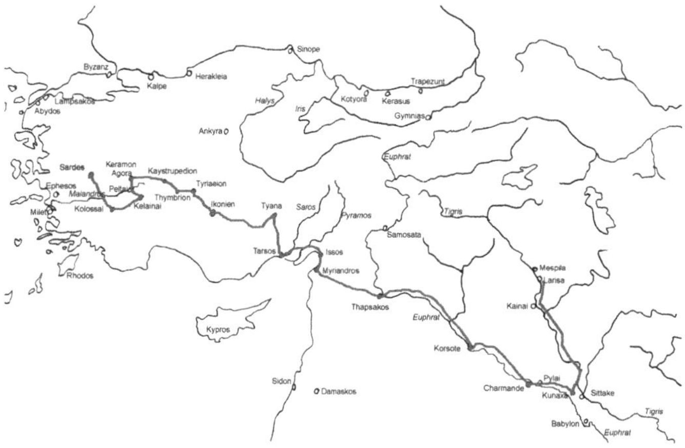

ἐτύγχανον ἕκαστος, οὐ δυνάμενοι καθεύδειν ὑπὸ λύπης καὶ πόθου[9] πατρίδων, γονέων[10], γυναικῶν, παίδων, οὓς οὔποτ᾽ ἐνόμιζον ἔτι ὄψεσθαι. οὕτω μὲν δὴ διακείμενοι[11] πάντες ἀνεπαύοντο.

9 ὁ πόθος: die Sehnsucht
10 οἱ γονεῖς: die Eltern
11 διακεῖσθαι: gestimmt sein

Beschreibe, welche Stimmung diesem Textausschnitt zugrunde liegt.
Arbeite die dafür charakteristischen Begriffe heraus.

Rückblick Xenophons

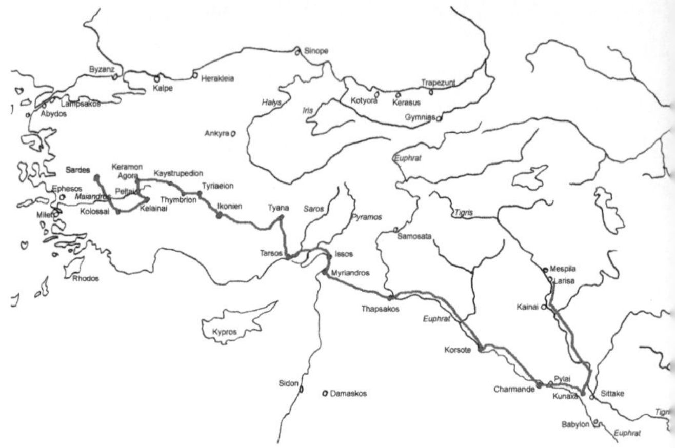

ἦν δέ τις ἐν τῇ στρατιᾷ Ξενοφῶν Ἀθηναῖος, ὃς οὔτε στρατηγὸς οὔτε λοχαγὸς οὔτε στρατιώτης ὢν συνηκολούθει, ἀλλὰ Πρόξενος αὐτὸν μετεπέμψατο οἴκοθεν ξένος ὢν ἀρχαῖος· ὑπισχνεῖτο δὲ αὐτῷ, εἰ ἔλθοι, φίλον αὐτὸν Κύρῳ ποιήσειν, ὃν αὐτὸς ἔφη κρείττω ἑαυτῷ νομίζειν τῆς πατρίδος. ὁ μέντοι Ξενοφῶν ἀναγνοὺς τὴν ἐπιστολὴν ἀνακοινοῦται[1] Σωκράτει τῷ Ἀθηναίῳ περὶ τῆς πορείας. καὶ ὁ Σωκράτης ὑποπτεύσας[2] μή τι πρὸς τῆς πόλεως ὑπαίτιον[3] εἴη Κύρῳ φίλον γενέσθαι, ὅτι ἐδόκει ὁ Κῦρος προθύμως τοῖς Λακεδαιμονίοις ἐπὶ τὰς Ἀθήνας συμπολεμῆσαι, συμβουλεύει τῷ Ξενοφῶντι ἐλθόντα εἰς Δελφοὺς ἀνακοινῶσαι[4] τῷ θεῷ περὶ τῆς πορείας. ἐλθὼν δ' ὁ Ξενοφῶν ἐπήρετο τὸν Ἀπόλλω τίνι ἂν θεῶν θύων καὶ εὐχόμενος κάλλιστα καὶ ἄριστα ἔλθοι τὴν ὁδὸν ἣν ἐπινοεῖ[5] καὶ καλῶς πράξας[6] σωθείη. καὶ ἀνεῖλεν αὐτῷ ὁ Ἀπόλλων θεοῖς οἷς ἔδει θύειν.

1 ἀνακοινοῦσθαι: sich beraten

2 ὑποπτεύειν μή: fürchten, dass

3 τὸ ὑπαίτιον: der unterschwellige Vorwurf

4 ἀνακοινοῦν: mitteilen

5 ἐπινοεῖν: beabsichtigen

6 καλῶς πράξας: wohlbehalten

Das Apollon-Heiligtum in Delphi war eine der bedeutendsten und berühmtesten Kultstätten. Ein wichtiger Bestandteil des Kultes war das Orakel. Dazu versetzte sich die Apollon-Priesterin, die Pythia, auf einem Dreifuß sitzend und Gase aus einer Erdspalte einatmend, in Trance. Ihre Äußerungen wurden von Priestern des Gottes interpretiert und den Ratsuchenden verkündet. Das Orakel erlangte auch politischen Einfluss, da es auch vor Entscheidungen befragt wurde, die die gesamte griechische Welt betrafen.

Beachte die Bedeutungsnuancen Aktiv/Medium am Beispiel von ἀνακοινοῦν und ἀνακοινοῦσθαι.

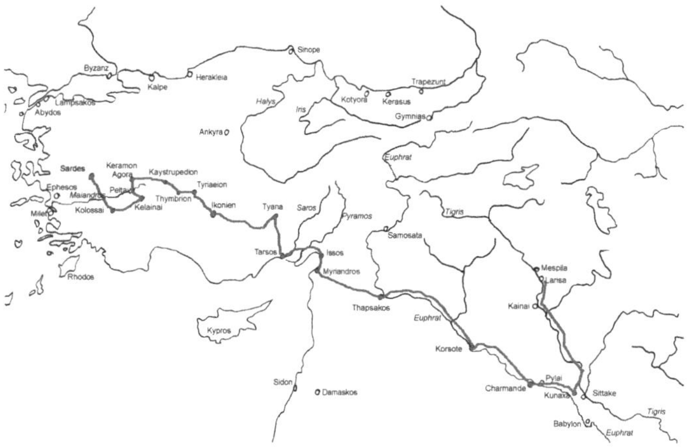

ἐπεὶ δὲ πάλιν ἦλθε, λέγει τὴν μαντείαν τῷ Σωκράτει. ὁ δ᾽ ἀκούσας ᾐτιᾶτο αὐτὸν ὅτι οὐ τοῦτο πρῶτον ἠρώτα πότερον λῷον[7] εἴη αὐτῷ πορεύεσθαι ἢ μένειν, ἀλλ᾽αὐτὸς κρίνας ἰτέον[8] εἶναι τοῦτ᾽ ἐπυνθάνετο ὅπως ἂν κάλλιστα πορευθείη. »ἐπεὶ μέντοι οὕτως ἤρου, ταῦτ᾽«, ἔφη, »χρὴ ποιεῖν ὅσα ὁ θεὸς ἐκέλευσεν.« ὁ μὲν δὴ Ξενοφῶν οὕτω θυσάμενος οἷς ἀνεῖλεν ὁ θεὸς ἐξέπλει, καὶ καταλαμβάνει[9] ἐν Σάρδεσι Πρόξενον καὶ Κῦρον μέλλοντας ἤδη ὁρμᾶν τὴν ἄνω ὁδόν, καὶ συνεστάθη[10] Κύρῳ. προθυμουμένου[11] δὲ τοῦ Προξένου καὶ ὁ Κῦρος συμπρουθυμεῖτο μεῖναι αὐτόν, εἶπε δὲ ὅτι ἐπειδὰν τάχιστα[12] ἡ στρατεία λήξῃ, εὐθὺς ἀποπέμψει αὐτόν. ἐλήγετο[13] δὲ ὁ στόλος εἶναι εἰς Πισίδας. ἐστρατεύετο μὲν δὴ οὕτως ἐξαπατηθείς – οὐχ ὑπὸ Προξένου·

7 λῷος: besser

8 ἰτέον: *Gerundivum zu* ἰέναι, *etwa:* die Reise sollte unternommen werden

9 καταλαμβάνειν: antreffen

10 συνιστάναι: vorstellen

11 προθυμεῖσθαι: einverstanden sein

12 ἐπειδὰν τάχιστα: sobald

13 λήγειν: beenden

Xenophon und Sokrates

Nach Sokrates' Tod im Jahr 399 v. Chr. entstanden Schriften seiner Schüler, die von Aristoteles später als **σωκρατικοὶ λόγοι** bezeichnet wurden. Von diesen sind uns nur noch Werke Platons und eben Xenophons erhalten.
Von Xenophon sind dies die Memorabilien (Apomnemoneumata), der Oikonomikos, das Symposion und die (in der Echtheit umstrittene) Apologie des Sokrates.
Xenophon hebt, anders als Platon, Sokrates' konventionelle moralische Einstellung und Frömmigkeit hervor.
Da er Athen ja 401 v. Chr. verließ, erlebte er den Prozess gegen Sokrates nicht persönlich mit und zwischen dem letzten persönlichen Kontakt und dem Entstehen der Schriften muss viel Zeit vergangen sein.

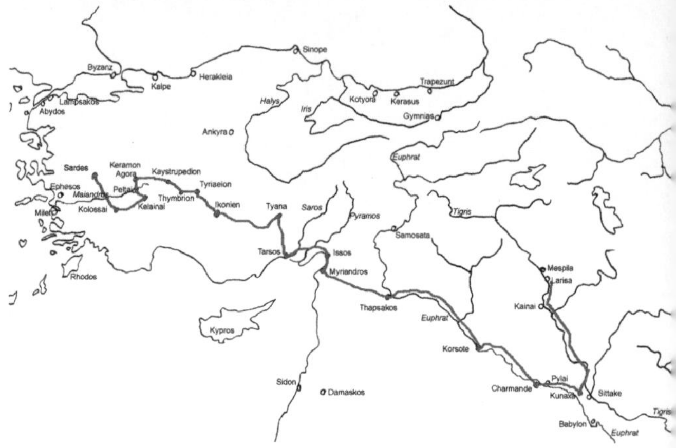

οὐ γὰρ ᾔδει τὴν ἐπὶ βασιλέα ὁρμὴν[14] οὐδὲ ἄλλος οὐδεὶς τῶν Ἑλλήνων πλὴν Κλεάρχου· ἐπεὶ μέντοι εἰς Κιλικίαν ἦλθον, σαφὲς πᾶσιν ἤδη ἐδόκει εἶναι ὅτι ὁ στόλος εἴη ἐπὶ βασιλέα. φοβούμενοι δὲ τὴν ὁδὸν καὶ ἄκοντες ὅμως οἱ πολλοὶ δι᾽ αἰσχύνην καὶ ἀλλήλων καὶ Κύρου συνηκολούθησαν· ὧν εἷς καὶ Ξενοφῶν ἦν.

14 ἡ ὁρμή: der Feldzug

1. Beschreibe, welche Anlässe Xenophon zur Teilnahme am Heerzug bewogen haben, und die Rollen von Proxenos und Sokrates in diesem Zusammenhang.
2. Informiere dich zur Person des Sokrates.
3. Beurteile das Verhalten Xenophons und begründe deine Aussage.

Athen

Die heutige Hauptstadt Griechenlands ist die Stadt gewesen, die im 5. Jahrhundert v. Chr. einen beispiellosen politischen, militärischen und kulturellen Höhepunkt erreichte. Ähnlich wie in der Geschichte Spartas und Roms ist auch in dieser Polis eine Entwicklung ausgehend von einer Königszeit über eine aristokratische bis hin zu einer sich größeren Bevölkerungsschichten öffnenden Verfassung zu beobachten. Allerdings ist keine Stadt so konsequent demokratisch geworden wie Athen, weshalb sie auch oft als das Ursprungsland unserer heutigen westlichen Demokratien bezeichnet wird. In dieser Annahme steckt sicherlich auch etwas Romantik, denn die athenische Demokratie ist im eigentlichen Sinne nicht mit der Demokratie beispielsweise Deutschlands zu vergleichen. Nur 15 Prozent der Bevölkerung durften an den Wahlen teilnehmen, da Frauen, Sklaven (fast ein Drittel der Bevölkerung zu Perikles' Zeiten) und Zugereiste nicht das volle Bürgerrecht besaßen. Wenn man allerdings berücksichtigt, dass gültige Volksbeschlüsse an ein Minimum von 6000 abgegebenen Stimmen gebunden waren, kommt man nicht umhin, dieses hohe Maß von bürgerlicher Teilnahme an den Geschicken der Stadt zu bewundern. So demokratisch war Athen jedoch wie gesagt nicht zu jeder Phase seiner Geschichte.

Als wichtige Stationen in der historischen Entwicklung sind nach der Königszeit die Einrichtung eines Archontats zu nennen, d. h. einer Führungsriege, die aus neun führenden Beamten (»Archonten«) bestand. Der erste gravierende Einschnitt in das politische System erfolgte durch die Reformen Solons, der die athenische Gesellschaft nach vier Vermögensklassen eingeteilt und jedem Bürger ein Stimmrecht in der Volksversammlung zugesprochen hatte (594 v. Chr.). Die Wohlhabenden wurden durch Steuern, politische und militärische Pflichten und Rechte verstärkt in die Mitarbeit und Gestaltung der Polis eingebunden. Das von Solon eingeführte Verbot der Schuldknechtschaft schützte einkommensschwächere Bürger vor dem Verlust des Bürgerrechts. Die Spannungen zwischen Arm und Reich wurden gemildert, aber nicht gänzlich abgebaut. Um 546 v. Chr. nahm Peisistratos unterstützt von der Landbevölkerung das Heft in die Hand. Nun war Athen plötzlich eine Tyrannis, was nach antikem Verständnis lediglich eine Alleinherrschaft war ohne die negative Bedeutung, die das deutsche Wort »Tyrannei« ausmacht. Peisistratos lässt die Gesetze Solons bestehen. Darüber hinaus möchte er aus Athen etwas machen: Unter seiner Regierungszeit findet eine ausgedehnte Bautätigkeit statt, er stiftet ein großes Fest zu Ehren des Gottes Dionysos, an dem Tragödien und später auch Komödien in Form eines Wettstreits aufgeführt werden, und gründet sogar eine Bibliothek. Eine kulturelle Revolution, das Ganze. In politischer Hinsicht versucht er durch die Zerschlagung des Großgrundbesitzes und Einführung einer Bodenertragssteuer der sozialen Spannungen Herr zu werden. Seine Söhne übernahmen nach seinem Tode die Macht, um das Projekt des Vaters fortzuführen. Ihnen war die Gunst des Volkes aber nicht beschieden. 510 v. Chr. beendete Kleisthenes die Tyrannis. Und jetzt ging es richtig los. Kleisthenes strukturierte das athenische Gemeinwesen radikal um. Die ganze Bürgerschaft wurde in 10 Phylen eingeteilt. Jede Phyle wiederum bestand aus drei Bezirken, wobei ein Bezirk der Stadt zugehörte, einer dem Land und ein dritter der Küste. Somit war jede Landschaftszone in einer Phyle vertreten. Schließlich setzte sich jeder Bezirk nun aus Einheiten zusammen, die die unterste Stufe der politischen Verwaltung darstellten. Eine solche Einheit wurde »Demos« genannt. An dessen Spitze stand ein »Demarch« und noch heute heißt in Griechenland der Bürgermeister »Demarchos«. Diese

Demen waren in vielerlei Hinsicht autonom. Sie hatten ihre eigenen Kulte und eigenen Besitz. Sie konnten entscheiden, wer athenisches Bürgerrecht bekommen sollte und wer nicht. Jede Phyle entsandte nun 50 Abgeordnete in den neu geschaffenen Rat der 500. Dieser Rat (»boule«) war neben der Volksversammlung (»ekklesia«) das Herzstück der »neuen« athenischen Polis. Da jeder Bürger höchstens zweimal in seinem Leben diesem Rat angehören dürfte, war eine breit gestreute Mitsprache an der Gestaltung der Politik gewährleistet. Auch der »Ostrakismos«, das berühmt-berüchtigte Scherbengericht, das die Verbannung staatsgefährdender Politiker durch eine Volksabstimmung erlaubte, wurde zur Zeit des Kleisthenes fester Bestandteil politischen Handelns. Einige Jahre später schaffte man sogar noch die Wahl der Archonten ab und ließ sie durch das Los bestimmen. Die Demokratie war auf ihrem Höhepunkt angelangt.

Ausgerechnet in dieser Zeit spitzte sich auch der Konflikt mit dem Perserreich zu. In den Schlachten bei Marathon (490 v. Chr.) und Salamis (480 v. Chr.) konnten jedoch die Athener durch ihren Behauptungswillen und ihre Taktik die Unabhängigkeit der griechischen Städte bewahren. Die persischen Heerscharen zogen sich besiegt zurück. Der Stolz der athenischen Demokratie muss grenzenlos gewesen sein. Die Stadt sieht sich fortan sogar als Schutzmacht der ionischen Städte, die immer der persischen Übermacht ausgesetzt waren. Es entsteht der erste attische Seebund. Athen erhält für diesen Schutz Steuern von seinen Bundesgenossen. Sparta, der führenden Macht in der hellenischen Staatenwelt, missfällt diese Entwicklung zunehmend. Die Demokratie, das Selbstbewusstein und der Machtwille Athens waren Sparta ein Dorn im Auge. Die spannungsreiche Entfremdung beider Städte entlud sich in einer großen kriegerischen Auseinandersetzung: dem Peloponnesischen Krieg (431–404 v. Chr.). Die Anlässe waren unscheinbar, aber der Hass auf Athen war in vielen Städten so groß geworden, dass Sparta als Schutz- und Gegenmacht sogar von Städten, die zum attischen Bündnis gehörten, zu Hilfe gerufen wurde. Das Kriegsgeschehen durchlebte verschiedene Phasen, auch eine Friedenszeit gab es. Der Historiker Thukydides hat die Ereignisse detailliert und sehr scharfsichtig niedergeschrieben. Er ist derjenige, der die verwirrend unterschiedlichen Handlungen als einen Krieg erkannt hat. Der Athener Xenophon, der 430 v. Chr. geboren wurde, also genau in den Kriegsjahren, setzte das Werk des Thukydides mit seinem Buch »Hellenika« fort. Literarische Glanzpunkte der griechischen Kultur, aber Athen ging als Verlierer aus diesem Kampf der Giganten hervor. Es hat seit dieser Niederlage seine frühere Machtstellung nicht mehr wiedererringen können. Den Philosophen konnte das nur recht sein. Nach dem Tod des Philosophenkönigs Sokrates (399 v. Chr.) gründete Platon die Akademie (387 v. Chr.) und in etwas späterer Zeit sein Schüler Aristoteles das Lykeion. Diese beiden in Athen gegründeten Schulen entwickelten Denksysteme, die bis in das europäische Mittelalter bestimmend blieben. Erst mit Beginn der so genannten Neuzeit konnte man sich davon emanzipieren. Eine gewaltige Leistung Athens nach dem Ende des Peloponnesischen Krieges. Fokussieren wir unseren Blick auf der Zeitleiste der athenischen Geschichte wieder auf den kleinen Abschnitt nach 404 v. Chr., ist jedoch festzustellen, dass der graue Alltag von anderen Eindrücken beherrscht wurde. Sparta hatte nun unangefochten das Sagen in der griechischen Staatenwelt. Es entsandte Gouverneure, so genannte Harmosten, in politisch wichtige Städte, die dem peloponnesischen Bund nicht angehört hatten. Um 401 v. Chr. machte sich Xenophon auf, um sein politisches Glück in die Hände des jungen Perserfürsten Kyros zu legen. Das Abenteuer der Anabasis, des Zuges nach Babylon, beginnt. Xenophons Buch, eine der vielen Kulturleistungen Athens, halten wir heute in den Händen. Neben den olympischen Spielen, den Zeugnissen aus Stein, die viele Touristen nach Griechenland locken, den geistigen Errungenschaften wie den Tragödien, Komödien und der Philosophie nimmt sich dieses scheinbar harmlose Büchlein geradezu klein aus. Doch kommt man dem Kleinen mit dem Auge immer näher, entfaltet sich in all seinen Details dem denkenden Blick das Universum der damaligen Welt.

Athen Zentrum – Herakleion – Parthenon – Eingang zum Olympieion – Erechtheion – Olympieion

Xenophons Traum

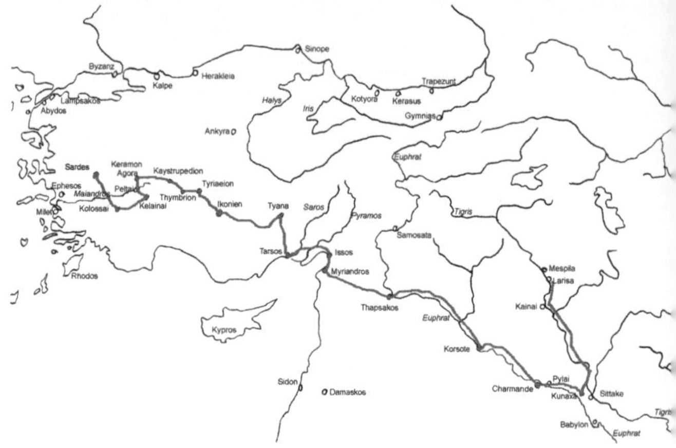

ἐπεὶ δὲ ἀπορία ἦν, ἐλυπεῖτο μὲν σὺν τοῖς ἄλλοις καὶ οὐκ ἐδύνατο καθεύδειν· μικρὸν δ᾽ὕπνου λαχὼν[1] εἶδεν ὄναρ[2]. ἔδοξεν αὐτῷ βροντῆς γενομένης σκηπτὸς[3] πεσεῖν εἰς τὴν πατρῴαν οἰκίαν, καὶ ἐκ τούτου λάμπεσθαι[4] πᾶσα. περίφοβος[5] δ᾽ εὐθὺς ἀνηγέρθη[6], καὶ τὸ ὄναρ τῇ μὲν[7] ἔκρινεν ἀγαθόν, ὅτι ἐν πόνοις ὢν καὶ κινδύνοις φῶς μέγα ἐκ Διὸς ἰδεῖν ἔδοξε· τῇ δὲ καὶ ἐφοβεῖτο, ὅτι ἀπὸ Διὸς μὲν βασιλέως τὸ ὄναρ ἐδόκει αὐτῷ εἶναι, κύκλῳ δὲ ἐδόκει λάμπεσθαι τὸ πῦρ, μὴ οὐ δύναιτο ἐκ τῆς χώρας ἐξελθεῖν τῆς βασιλέως, ἀλλ᾽ εἴργοιτο[8] πάντοθεν[9] ὑπό τινων ἀποριῶν. ὁποῖόν τι μὲν δὴ ἐστὶ[10] τὸ τοιοῦτον ὄναρ ἰδεῖν ἔξεστι σκοπεῖν ἐκ τῶν συμβάντων[11] μετὰ τὸ ὄναρ. γίγνεται γὰρ τάδε. εὐθὺς ἐπειδὴ ἀνηγέρθη πρῶτον μὲν ἔννοια[12] αὐτῷ ἐμπίπτει· τί κατάκειμαι; ἡ δὲ νὺξ προβαίνει· ἅμα δὲ τῇ ἡμέρᾳ εἰκὸς[13] τοὺς πολεμίους ἥξειν. εἰ δὲ γενησόμεθα ἐπὶ[14] βασιλεῖ, τί ἐμποδὼν μὴ οὐχὶ[15] πάντα μὲν τὰ

1 λαγχάνειν: bekommen

2 τὸ ὄναρ, ὀνείρατος: der Traum

3 ὁ σκηπτός: der Blitz

4 λάμπεσθαι: brennen

5 περίφοβος: verängstigt

6 ἀνεγείρεσθαι: aufwachen

7 τῇ μὲν – τῇ δέ: einerseits – andererseits

8 εἴργειν: einschließen

9 πάντοθεν: von allen Seiten

10 ὁποῖόν τι μὲν δὴ ἐστί: was es nun allerdings bedeutet

11 τὰ σύμβαντα: die nachfolgenden Ereignisse

12 ἡ ἔννοια: der Gedanke

13 εἰκός (ἐστιν): es ist wahrscheinlich

14 γίγνεσθαι ἐπί: in die Gewalt von jdm. geraten

15 τί ἐμποδὼν μὴ οὐχί: was verhindert, dass …

χαλεπώτατα ἐπιδόντας[16], πάντα δὲ τὰ δεινότατα παθόντας ὑβριζομένους ἀποθανεῖν; ὅπως[17] δ᾽ ἀμυνούμεθα[18] οὐδεὶς παρασκευάζεται οὐδὲ ἐπιμελεῖται, ἀλλὰ κατακείμεθα ὥσπερ ἐξὸν[19] ἡσυχίαν ἄγειν. ἐγὼ οὖν τὸν ἐκ ποίας πόλεως στρατηγὸν προσδοκῶ[20] ταῦτα πράξειν; ποίαν δ᾽ ἡλικίαν ἐμαυτῷ ἐλθεῖν ἀναμείνω; οὐ γὰρ ἔγωγ᾽ ἔτι πρεσβύτερος ἔσομαι, ἐὰν τήμερον προδῶ[21] ἐμαυτὸν τοῖς πολεμίοις.

16 ἐπιδόντας von ἐφορᾶν: erleben
17 ὅπως: wie
18 ἀμύνεσθαι: sich verteidigen
19 ἐξόν: es ist erlaubt
20 προσδοκᾶν: erwarten
21 προδιδόναι: sich ausliefern

Xenophon wird von den Hauptleuten der Abteilung seines getöteten Freundes Proxenos zu deren Anführer gewählt, nachdem er ihnen seine Sicht der Lage geschildert hat. Zusammen mit Cheirisophos aus Sparta übernimmt er die Führung des ganzen Heeres, wobei Xenophon für die Nachhut verantwortlich ist.
Die weitere Marschroute führt durch die Tigrisebene und dann durch gebirgiges Land nach Norden.

1. Beschreibe, was für einen Traum Xenophon hat und wie er ihn deutet.
2. Benenne die Fragen, die der Traum bei Xenophon auslöst.
3. Beschreibe die Perspektive, aus der dieser Abschnitt geschildert wird.
4. Überlege dir Gründe, warum man »βασιλέως« in Zeile 8 als Überlieferungsfehler ansehen könnte.

Zermürbende Kälte

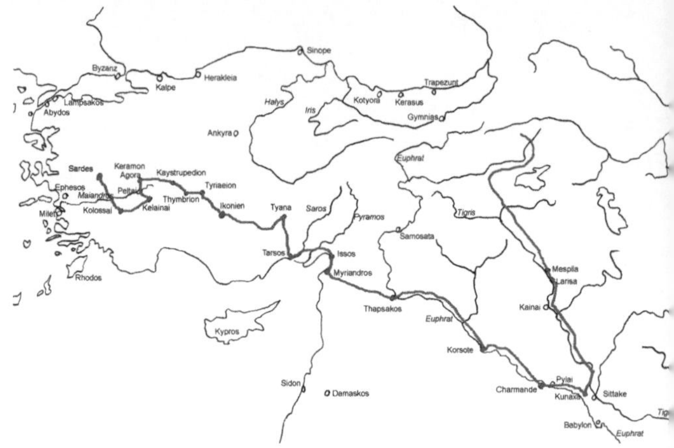

ἐφείποντο δὲ τῶν πολεμίων συνειλεγμένοι τινὲς καὶ τὰ μὴ δυνάμενα[1] τῶν ὑποζυγίων[2] ἥρπαζον καὶ ἀλλήλοις ἐμάχοντο περὶ αὐτῶν. ἐλείποντο δὲ τῶν στρατιωτῶν οἵ τε διεφθαρμένοι ὑπὸ τῆς χιόνος[3] τοὺς ὀφθαλμοὺς[4] οἵ τε ὑπὸ τοῦ ψύχους[5] τοὺς δακτύλους τῶν ποδῶν[6] ἀποσεσηπότες[7]. ἦν δὲ τοῖς μὲν ὀφθαλμοῖς ἐπικούρημα[8] τῆς χιόνος εἴ τις μέλαν τι ἔχων πρὸ τῶν ὀφθαλμῶν ἐπορεύετο, τῶν δὲ ποδῶν εἴ τις κινοῖτο καὶ μηδέποτε ἡσυχίαν ἔχοι καὶ εἰς τὴν νύκτα ὑπολύοιτο[9]· ὅσοι δὲ ὑποδεδεμένοι[10] ἐκοιμῶντο[11], εἰσεδύοντο[12] εἰς τοὺς πόδας οἱ ἱμάντες[13] καὶ τὰ ὑποδήματα περιεπήγνυντο[14]· καὶ γὰρ ἦσαν, ἐπειδὴ ἐπέλιπε[15] τὰ ἀρχαῖα ὑποδήματα, καρβάτιναι[16] πεποιημέναι ἐκ τῶν νεοδάρτων βοῶν[17]. διὰ τὰς τοιαύτας οὖν ἀνάγκας ὑπελείποντό τινες τῶν στρατιωτῶν· καὶ ἰδόντες μέλαν τι χωρίον διὰ τὸ ἐκλελοιπέναι αὐτόθι[18] τὴν χιόνα εἴκαζον τετηκέναι[19]· καὶ ἐτετήκει διὰ κρήνην τινὰ ἣ πλησίον ἦν ἀτμίζουσα[20] ἐν

1 μὴ δυνάμενος: entkräftigt

2 τὰ ὑποζύγια: die Zugtiere

3 ἡ χιών, χιόνος: der Schnee

4 οἱ διεφθαρμένοι ὑπὸ τῆς χιονὸς τοὺς ὀφθαλμούς: die Schneeblinden

5 τὸ ψύχος: die Kälte

6 ὁ δάκτυλος τοῦ ποδός: (eigentl. Finger des Fußes) der Zeh

7 ἀποσήπεσθαι: absterben

8 τὸ ἐπικούρημα + Gen.: Hilfsmittel gegen

9 ὑπολύεσθαι: sich die Schuhe ausziehen

10 ὑποδεδεμένος: ohne die Schuhe ausgezogen zu haben

11 κοιμᾶσθαι: zum Schlafen niederlegen

12 εἰσδύεσθαι: einschneiden

13 ὁ ἱμάς, ἱμάντος: der Riemen

14 περιπήγνυσθαι: um etw. herum festfrieren

15 ἐπιλείπειν: verloren gehen

16 αἱ καρβάτιναι: die Bauernschuhe

17 νεοδάρτος βοῦς: frisch abgezogene Rindshaut

18 αὐτόθι: dort

19 τήκειν: schmelzen

20 ἀτμίζειν: dampfen

νάπῃ[21]. ἐνταῦθ᾽ ἐκτραπόμενοι[22] ἐκάθηντο[23] καὶ οὐκ ἔφασαν πορεύεσθαι. ὁ δὲ Ξενοφῶν ἔχων ὀπισθοφύλακας[24] ὡς ᾔσθετο, ἐδεῖτο αὐτῶν πάσῃ τέχνῃ καὶ μηχανῇ μὴ ἀπολείπεσθαι, λέγων ὅτι ἕπονται πολλοὶ πολέμιοι συνειλεγμένοι, καὶ τελευτῶν[25] ἐχαλέπαινεν. οἱ δὲ σφάττειν[26] ἐκέλευον· οὐδὲ γὰρ ἂν δύνασθαι πορευθῆναι. ἐνταῦθα ἔδοξε κράτιστον εἶναι τοὺς ἑπομένους πολεμίους φοβῆσαι[27], εἴ τις δύναιτο, μὴ ἐπίοιεν[28] τοῖς κάμνουσι. καὶ ἦν μὲν σκότος[29] ἤδη, οἱ δὲ προσῇσαν πολλῷ θορύβῳ ἀμφὶ[30] ὧν εἶχον διαφερόμενοι[31]. ἔνθα δὴ οἱ ὀπισθοφύλακες, ἅτε ὑγιαίνοντες, ἐξαναστάντες[32] ἔδραμον εἰς τοὺς πολεμίους· οἱ δὲ κάμνοντες ἀνακραγόντες[33] ὅσον ἐδύναντο μέγιστον τὰς ἀσπίδας πρὸς τὰ δόρατα ἔκρουσαν[34]. οἱ δὲ πολέμιοι δείσαντες ἧκαν ἑαυτοὺς[35] κατὰ τῆς χιόνος εἰς τὴν νάπην καὶ οὐδεὶς ἔτι οὐδαμοῦ ἐφθέγξατο[36]. καὶ Ξενοφῶν μὲν καὶ οἱ σὺν

21 ἡ νάπη: die Schlucht
22 ἐκτρέπεσθαι: den Weg verlassen
23 καθῆσθαι: sitzenbleiben
24 οἱ ὀπισθοφύλακες: die Nachhut
25 τελευτῶν: schließlich
26 σφάττειν: töten
27 φοβεῖν: abschrecken
28 ἐπιέναι + Dat.: jdn. angreifen
29 ὁ σκότος: die Dunkelheit
30 *Konstruiere:* ἀμφὶ τούτων, ἃ εἶχον, διαφερόμενοι
31 διαφέρεσθαι: sich streiten
32 ἐξανίστασθαι: sich erheben
33 ἀνακράζειν: aufschreien
34 κρούειν: schlagen
35 ἑαυτοὺς ἰέναι κατά τινος: hinabstürzen
36 φθέγγεσθαι: lärmen

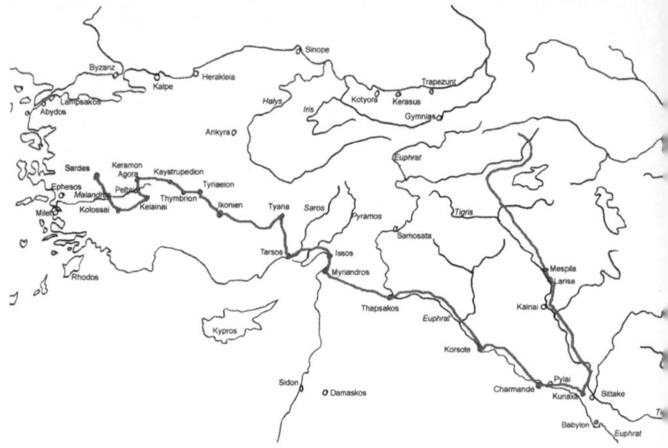

αὐτῷ εἰπόντες τοῖς ἀσθενοῦσιν ὅτι τῇ ὑστεραίᾳ ἥξουσί τινες ἐπ᾽ αὐτούς, πορευόμενοι πρὶν τέτταρα στάδια διελθεῖν ἐντυγχάνουσιν ἐν τῇ ὁδῷ ἀναπαυομένοις[37] ἐπὶ τῆς χιόνος τοῖς στρατιώταις ἐγκεκαλυμμένοις[38], καὶ οὐδὲ φυλακὴ οὐδεμία καθειστήκει[39]· καὶ ἀνίστασαν[40] αὐτούς. οἱ δ᾽ ἔλεγον ὅτι οἱ ἔμπροσθεν[41] οὐχ ὑποχωροῖεν[42]. ὁ δὲ παριὼν καὶ παραπέμπων τῶν πελταστῶν τοὺς ἰσχυροτάτους ἐκέλευε σκέψασθαι[43] τί εἴη τὸ κωλῦον. οἱ δὲ ἀπήγγελλον ὅτι ὅλον οὕτως ἀναπαύοιτο τὸ στράτευμα. ἐνταῦθα καὶ οἱ περὶ Ξενοφῶντα ηὐλίσθησαν[44] αὐτοῦ[45] ἄνευ πυρὸς καὶ ἄδειπνοι, φυλακὰς οἵας ἐδύναντο καταστησάμενοι. ἐπεὶ δὲ πρὸς ἡμέραν ἦν, ὁ μὲν Ξενοφῶν πέμψας πρὸς τοὺς ἀσθενοῦντας τοὺς νεωτάτους ἀναστήσαντας ἐκέλευεν ἀναγκάζειν προϊέναι.

37 ἀναπαύεσθαι: rasten
38 ἐγκεκαλυμμένος: eingehüllt
39 καθηστηκέναι: aufgestellt sein
40 ἀνιστάναι: aufscheuchen
41 οἱ ἔμπροσθεν: die Vorderleute
42 ὑποχωρεῖν: weiterziehen
43 σκέπτεσθαι: herausfinden
44 αὐλίζεσθαι: übernachten
45 αὐτοῦ: dort

1. Beschreibe, welchen Widrigkeiten das Heer in dieser Gegend ausgesetzt ist und welche Folgen das für die Soldaten hat.
2. Erkläre und beurteile Xenophons Verhalten in dieser Situation.

Das Meer, das Meer!

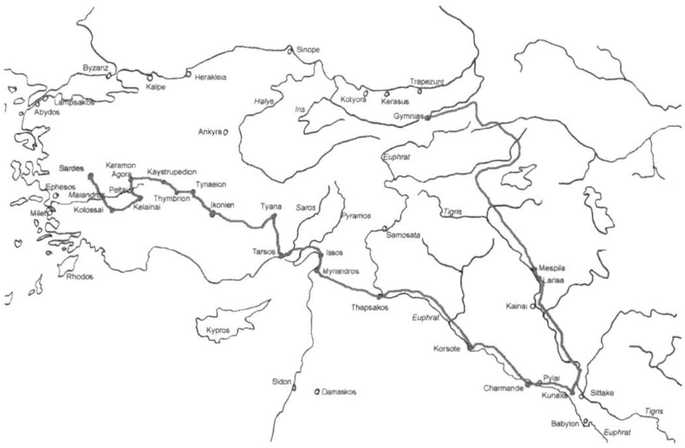

καὶ ἀφικνοῦνται ἐπὶ τὸ ὄρος τῇ πέμπτῃ ἡμέρᾳ· ὄνομα δὲ τῷ ὄρει ἦν Θήχης. ἐπεὶ δὲ οἱ πρῶτοι ἐγένοντο ἐπὶ[1] τοῦ ὄρους καὶ κατεῖδον τὴν θάλατταν, κραυγὴ πολλὴ ἐγένετο. ἀκούσας δὲ ὁ Ξενοφῶν καὶ οἱ ὀπισθοφύλακες ᾠήθησαν ἔμπροσθεν ἄλλους ἐπιτίθεσθαι πολεμίους· εἵποντο γὰρ ὄπισθεν ἐκ τῆς καιομένης[2] χώρας καὶ αὐτῶν[3] οἱ ὀπισθοφύλακες ἀπέκτεινάν τέ τινας καὶ ἐζώγρησαν ἐνέδραν[4] ποιησάμενοι, καὶ γέρρα[5] ἔλαβον δασειῶν[6] βοῶν ὠμοβόεια[7] ἀμφὶ τὰ εἴκοσιν. ἐπειδὴ δὲ βοὴ πλείων τε ἐγίγνετο καὶ ἐγγύτερον καὶ οἱ ἀεὶ ἐπιόντες[8] ἔθεον δρόμῳ ἐπὶ τοὺς ἀεὶ βοῶντας καὶ πολλῷ μείζων ἐγίγνετο ἡ βοὴ ὅσῳ[9] δὴ πλείους ἐγίγνοντο, ἐδόκει δὴ μεῖζόν τι εἶναι τῷ Ξενοφῶντι, καὶ ἀναβὰς ἐφ᾿ ἵππον καὶ Λύκιον καὶ τοὺς ἱππέας ἀναλαβὼν παρεβοήθει· καὶ τάχα δὴ ἀκούουσι βοώντων τῶν στρατιωτῶν »θάλαττα θάλαττα« καὶ παρεγγυώντων[10]. ἔνθα δὴ

1 γίγνεσθαι ἐπί + Gen.: aufsteigen auf
2 καιόμενος: verwüstet
3 αὐτῶν: *Bezug auf* τινας
4 ἡ ἐνέδρα: der Hinterhalt
5 τὸ γέρρον: der geflochtene Schild
6 δασύς: zottelig
7 ὠμοβόειος: ungegerbt
8 οἱ ἐπιόντες: die Dazukommenden
9 ὅσῳ: je
10 παρεγγυᾶσθαι: weitergeben

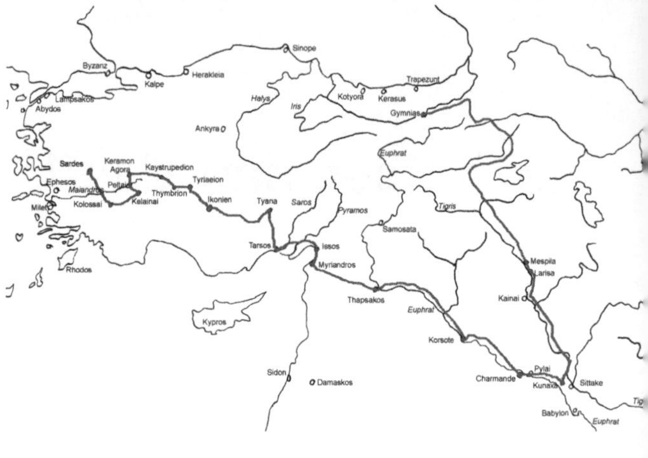

ἔθεον πάντες καὶ οἱ ὀπισθοφύλακες, καὶ τὰ ὑποζύγια ἠλαύνετο καὶ οἱ ἵπποι. ἐπεὶ δὲ ἀφίκοντο πάντες ἐπὶ τὸ ἄκρον, ἐνταῦθα δὴ περιέβαλλον ἀλλήλους καὶ στρατηγοὺς καὶ λοχαγοὺς δακρύοντες. καὶ ἐξαπίνης ὅτου δὴ παρεγγυήσαντος[11] οἱ στρατιῶται φέρουσι λίθους καὶ ποιοῦσι κολωνὸν[12] μέγαν. ἐνταῦθα ἀνετίθεσαν δερμάτων πλῆθος ὠμοβοείων καὶ βακτηρίας[13] καὶ τὰ αἰχμάλωτα[14] γέρρα, καὶ ὁ ἡγεμὼν αὐτός τε κατέτεμνε τὰ γέρρα καὶ τοῖς ἄλλοις διεκελεύετο[15].

11 ὅτου δὴ παρεγγυήσαντος: weil es wohl irgendjemand befohlen hatte

12 ὁ κολωνός: der Haufen

13 ἡ βακτηρία: der Stock

14 αἰχμάλωτος: erbeutet

15 διακελεύεσθαι: auffordern, dasselbe zu tun

1. Erkläre, was der Ausblick auf das Meer für die griechischen Söldner bedeutet.
2. Analysiere, wie Xenophon den Verlauf der Ereignisse gestaltet, der in dem Ausruf »θάλαττα θάλαττα« gipfelt.

Bei einem seltsamen Volk

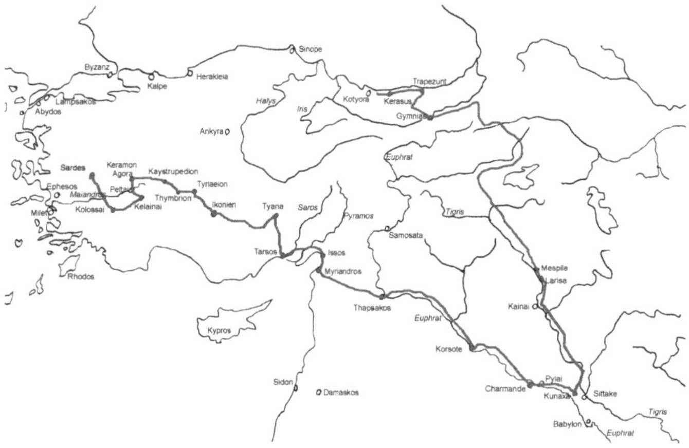

Die Griechen schließen ein Bündnis mit dem ansässigen Stamm der Mossynoiken, um feindliches Gebiet zu durchqueren.

οἱ μὲν δὴ Ἕλληνες ἀριστήσαντες[1] ἐνταῦθα ἐπορεύοντο εἰς τὸ πρόσω, παραδόντες τὸ χωρίον τοῖς συμμαχήσασι τῶν Μοσσυνοίκων. ὁπόσα δὲ καὶ ἄλλα παρῇσαν χωρία τῶν σὺν τοῖς πολεμίοις ὄντων, τὰ εὐπροσοδώτατα[2] οἱ μὲν ἔλειπον, οἱ δὲ ἑκόντες προσεχώρουν[3]. τὰ δὲ πλεῖστα τοιάδε ἦν τῶν χωρίων. ἀπεῖχον αἱ πόλεις ἀπ᾽ ἀλλήλων στάδια ὀγδοήκοντα, αἱ δὲ πλέον αἱ δὲ μεῖον· ἀναβοώντων δὲ ἀλλήλων συνήκουον εἰς τὴν ἑτέραν ἐκ τῆς ἑτέρας πόλεως· οὕτως ὑψηλή τε καὶ κοίλη[4] ἡ χώρα ἦν. ἐπεὶ δὲ πορευόμενοι ἐν τοῖς φίλοις ἦσαν, ἐπεδείκνυσαν αὐτοῖς παῖδας τῶν εὐδαιμόνων σιτευτούς[5], τεθραμμένους καρύοις[6] ἑφθοῖς[7], ἁπαλοὺς καὶ λευκοὺς σφόδρα καὶ οὐ πολλοῦ δέοντας[8] ἴσους τὸ μῆκος καὶ τὸ πλάτος[9] εἶναι, ποικίλους δὲ τὰ νῶτα καὶ τὰ ἔμπροσθεν πάντα, ἐστιγμένους ἀνθέμια[10]. ἐζήτουν δὲ καὶ ταῖς ἑταίραις[11] ἃς ἦγον οἱ Ἕλληνες ἐμφανῶς

1 ἀριστᾶν: frühstücken
2 εὐπρόσοδος: leicht zugänglich
3 προσχωρεῖν: sich unterwerfen
4 κοῖλος: tiefliegend
5 σιτευτός: gemästet
6 τὸ κάρυον: die Kastanie
7 ἕψειν: kochen
8 οὐ πολλοῦ δέοντας: fast
9 τὸ πλάτος: die Breite
10 ἐστιγμένος ἀνθέμια: mit eingeätzten Blumen geschmückt
11 ἡ ἑταίρα: die Prostituierte

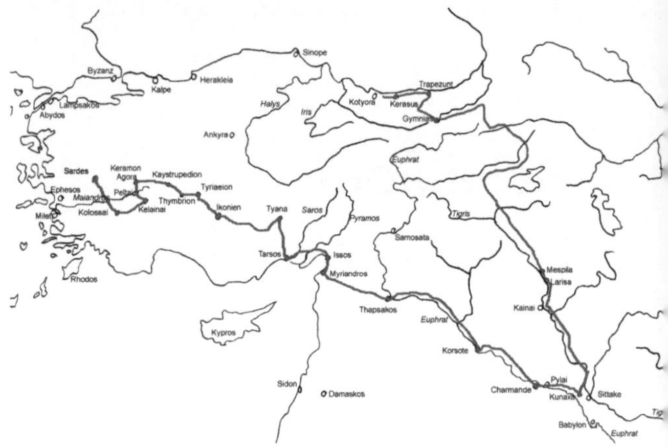

συγγίγνεσθαι· νόμος γὰρ ἦν οὗτός σφισι. λευκοὶ δὲ πάντες οἱ ἄνδρες καὶ αἱ γυναῖκες. τούτους ἔλεγον οἱ στρατευσάμενοι βαρβαρωτάτους διελθεῖν καὶ πλεῖστον τῶν Ἑλληνικῶν νόμων κεχωρισμένους. ἔν τε γὰρ ὄχλῳ ὄντες ἐποίουν ἅπερ ἂν ἄνθρωποι ἐν ἐρημίᾳ ποιήσειαν, μόνοι τε ὄντες ὅμοια ἔπραττον ἅπερ ἂν μετ᾽ ἄλλων ὄντες, διελέγοντό τε αὑτοῖς καὶ ἐγέλων ἐφ᾽ ἑαυτοῖς καὶ ὠρχοῦντο[12] ἐφιστάμενοι[13] ὅπου τύχοιεν, ὥσπερ ἄλλοις ἐπιδεικνύμενοι[14].

12 ὀρχεῖσθαι: tanzen

13 ἐφίστασθαι: anhalten

14 ἐπιδείκνυσθαι: sich präsentieren

1. Nenne die Dinge, die die Griechen an diesem Volk seltsam/»βαρβαρωτάτους« finden.
2. Beschreibe den Eindruck, der den heutigen Lesern damit vermittelt wird.

Ein Versöhnungsfest

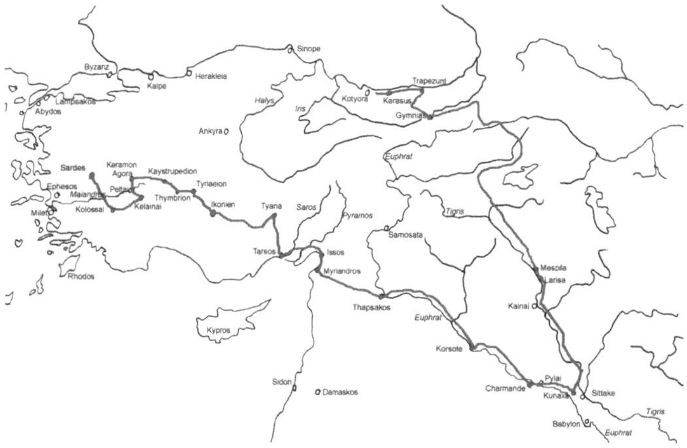

ἐκ τούτου δὲ ἐν τῇ διατριβῇ οἱ μὲν ἀπὸ τῆς ἀγορᾶς ἔζων[1], οἱ δὲ καὶ ληζόμενοι[2] ἐκ τῆς Παφλαγονίας. ἐκλώπευον[3] δὲ καὶ οἱ Παφλαγόνες εὖ μάλα τοὺς ἀποσκεδαννυμένους[4], καὶ τῆς νυκτὸς τοὺς πρόσω σκηνοῦντας[5] ἐπειρῶντο κακουργεῖν· καὶ πολεμικώτατα πρὸς ἀλλήλους εἶχον[6] ἐκ τούτων. ὁ δὲ Κορύλας, ὃς ἐτύγχανε τότε Παφλαγονίας ἄρχων, πέμπει παρὰ τοὺς Ἕλληνας πρέσβεις[7] ἔχοντας ἵππους καὶ στολὰς καλάς, λέγοντας ὅτι Κορύλας ἕτοιμος εἴη τοὺς Ἕλληνας μήτε ἀδικεῖν μήτε ἀδικεῖσθαι. οἱ δὲ στρατηγοὶ ἀπεκρίναντο ὅτι περὶ μὲν τούτων σὺν τῇ στρατιᾷ βουλεύσοιντο, ἐπὶ ξένια[8] δὲ ἐδέχοντο αὐτούς· παρεκάλεσαν δὲ καὶ τῶν ἄλλων ἀνδρῶν οὓς ἐδόκουν δικαιοτάτους εἶναι.

θύσαντες δὲ βοῦς τῶν αἰχμαλώτων[9] καὶ ἄλλα ἱερεῖα[10] εὐωχίαν[11] μὲν ἀρκοῦσαν[12] παρεῖχον, κατακείμενοι δὲ ἐν σκίμποσιν[13] ἐδείπνουν, καὶ ἔπινον ἐκ κερατίνων[14]

1 ζῆν ἀπό + Gen.: von etw. leben

2 λῄζεσθαι: plündern

3 κλωπεύειν: bestehlen

4 οἱ ἀποσκεδαννύμενοι: die Zerstreuten

5 σκηνοῦν: lagern

6 πολεμικώτατα ἔχειν: sich äußerst feindlich verhalten

7 οἱ πρέσβεις: die Gesandten

8 τὸ ξένιον: das Gastmahl

9 τὰ αἰχμάλατα: die Beute

10 τὸ ἱερεῖον: das Opfertier

11 ἡ εὐωχία: das Festmahl

12 ἀρκῶν: üppig

13 ὁ σκίμπους, σκίμποδος: die Liege

14 τὸ κεράτινον ποτήριον: das Trinkhorn

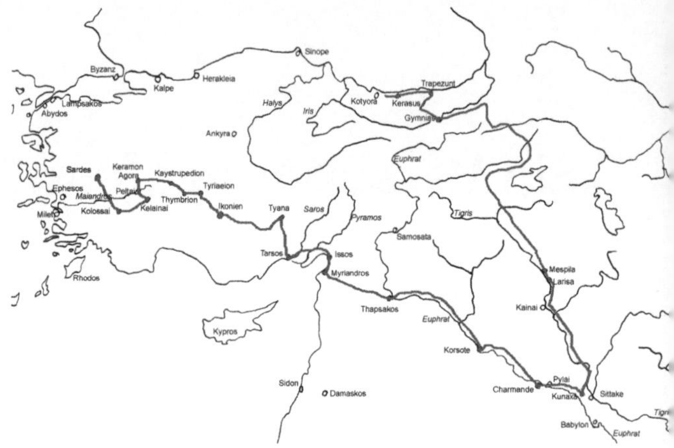

ποτηρίων, οἷς ἐνετύγχανον ἐν τῇ χώρᾳ. ἐπεὶ δὲ σπονδαί τε ἐγένοντο καὶ ἐπαιάνισαν[15], ἀνέστησαν πρῶτον μὲν Θρᾷκες καὶ πρὸς αὐλὸν ὠρχήσαντο σὺν τοῖς ὅπλοις καὶ ἥλλοντο ὑψηλά τε καὶ κούφως καὶ ταῖς μαχαίραις ἐχρῶντο· τέλος δὲ ὁ ἕτερος τὸν ἕτερον παίει, ὡς πᾶσιν ἐδόκει πεπληγέναι τὸν ἄνδρα· ὁ δ᾽ ἔπεσε τεχνικῶς πως. καὶ ἀνέκραγον οἱ Παφλαγόνες. καὶ ὁ μὲν σκυλεύσας[16] τὰ ὅπλα τοῦ ἑτέρου ἐξῄει ᾄδων τὸν Σιτάλκαν[17]· ἄλλοι δὲ τῶν Θρᾳκῶν τὸν ἕτερον ἐξέφερον ὡς τεθνηκότα· ἦν δὲ οὐδὲν πεπονθώς. μετὰ τοῦτο Αἰνιᾶνες καὶ Μάγνητες ἀνέστησαν, οἳ ὠρχοῦντο τὴν καρπαίαν[18] καλουμένην ἐν τοῖς ὅπλοις. ὁ δὲ τρόπος τῆς ὀρχήσεως ἦν, ὁ μὲν παραθέμενος τὰ ὅπλα σπείρει[19] καὶ ζευγηλατεῖ[20], πυκνὰ[21] δὲ μεταστρεφόμενος ὡς φοβούμενος, λῃστὴς[22] δὲ προσέρχεται· ὁ δ᾽ ἐπειδὰν προΐδηται[23], ἀπαντᾷ[24] ἁρπάσας τὰ ὅπλα καὶ μάχεται πρὸ τοῦ ζεύγους[25]· καὶ

15 παιανίζειν: den Paian singen

16 σκυλεύειν: wegnehmen

17 ὁ Σιτάλκας: Lied zu Ehren des Sitalkas (eines thrakischen Königs)

18 ἡ καρπαία: die Karpaia (Name des Kriegstanzes)

19 σπείρειν: die Saat ausbringen

20 ζευγηλατεῖν: das Gespann führen

21 πυκνά: häufig

22 ὁ λῃστής: der Räuber

23 προορᾶσθαι: von fern erblicken

24 ἀπαντᾶν: entgegengehen

25 τὸ ζεῦγος: das Gespann

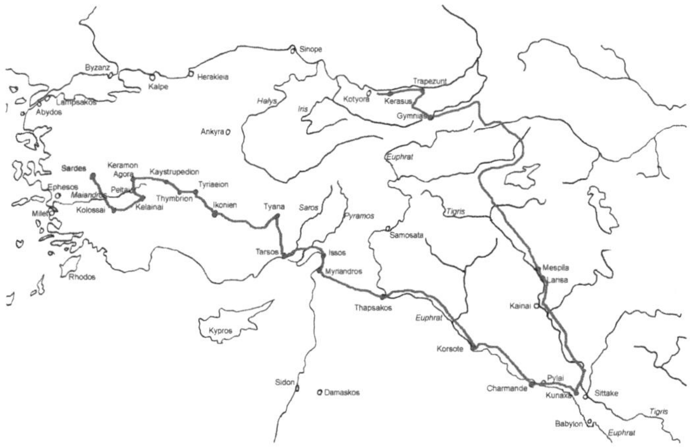

οὗτοι ταῦτ᾽ ἐποίουν ἐν ῥυθμῷ πρὸς τὸν αὐλόν· καὶ τέλος ὁ λῃστὴς δήσας τὸν ἄνδρα καὶ τὸ ζεῦγος ἀπάγει· ἐνίοτε δὲ καὶ ὁ ζευγηλάτης[26] τὸν λῃστήν· εἶτα παρὰ τοὺς βοῦς ζεύξας ὀπίσω τὼ χεῖρε δεδεμένον[27] ἐλαύνει. μετὰ τοῦτο Μυσὸς εἰσῆλθεν ἐν ἑκατέρᾳ τῇ χειρὶ ἔχων πέλτην[28], καὶ τοτὲ μὲν ὡς δύο ἀντιταττομένων[29] μιμούμενος ὠρχεῖτο, τοτὲ δὲ ὡς πρὸς ἕνα ἐχρῆτο ταῖς πέλταις, τοτὲ δ᾽ ἐδινεῖτο[30] καὶ ἐξεκυβίστα[31] ἔχων τὰς πέλτας, ὥστε ὄψιν καλὴν φαίνεσθαι. τέλος δὲ τὸ περσικὸν[32] ὠρχεῖτο κρούων[33] τὰς πέλτας καὶ ὤκλαζε[34] καὶ ἐξανίστατο· καὶ ταῦτα πάντα ἐν ῥυθμῷ ἐποίει πρὸς τὸν αὐλόν.

26 ὁ ζευγηλάτης, ου: der Lenker des Gespanns

27 ὀπίσω τὼ χεῖρε δεδεμένον: mit hinter dem Rücken verbundenen Händen

28 ἡ πέλτη: der Schild

29 ἀντιτάττεσθαι: sich entgegenstellen

30 δινεῖσθαι: sich herumwirbeln

31 ἐκκυβιστᾶν: sich überschlagen

32 τὸ περσικόν: der Persertanz

33 κρούειν: schlagen

34 ὀκλάζειν: sich niederkauern

Die Soldaten beschließen am folgenden Tag, mit den Paphlagoniern Frieden zu halten.

1. Beschreibe, welche Rolle das Fest in dem Konflikt mit den Paphlagoniern spielt und welche Funktion es hat.
2. Erkläre, was die Tänze über die Lebenswelt der Menschen aussagen.

Der Hafen von Kalpe

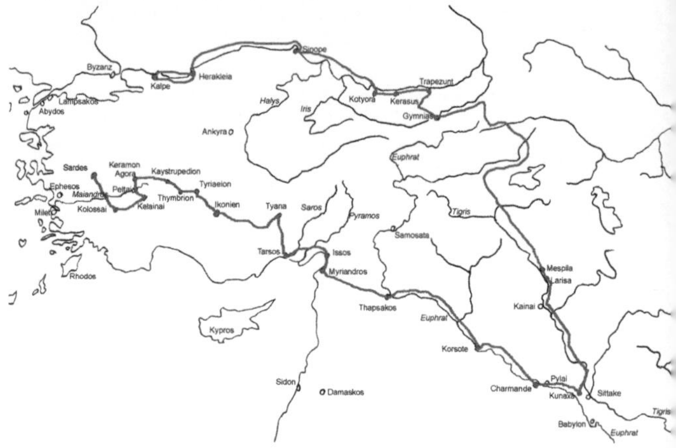

ὁ δὲ Κάλπης λιμὴν ἐν μέσῳ μὲν κεῖται ἑκατέρωθεν πλεόντων ἐξ Ἡρακλείας καὶ Βυζαντίου, ἔστι δ᾽ ἐν τῇ θαλάττῃ προκείμενον[1] χωρίον, τὸ μὲν εἰς τὴν θάλατταν καθῆκον[2] αὐτοῦ πέτρα ἀπορρώξ[3], ὕψος ὅπῃ ἐλάχιστον[4] οὐ μεῖον[5] εἴκοσιν ὀργυιῶν[6], ὁ δὲ αὐχὴν[7] ὁ εἰς τὴν γῆν ἀνήκων[8] τοῦ χωρίου μάλιστα τεττάρων πλέθρων τὸ εὖρος[9]· τὸ δ᾽ ἐντὸς τοῦ αὐχένος χωρίον ἱκανὸν μυρίοις ἀνθρώποις οἰκῆσαι. λιμὴν δ᾽ ὑπ᾽ αὐτῇ τῇ πέτρᾳ τὸ πρὸς ἑσπέραν[10] αἰγιαλὸν[11] ἔχων. κρήνη δὲ ἡδέος ὕδατος καὶ ἄφθονος ῥέουσα ἐπ᾽ αὐτῇ τῇ θαλάττῃ ὑπὸ τῇ ἐπικρατείᾳ[12] τοῦ χωρίου[13]. ξύλα δὲ πολλὰ μὲν καὶ ἄλλα, πάνυ δὲ πολλὰ καὶ καλὰ ναυπηγήσιμα[14] ἐπ᾽ αὐτῇ τῇ θαλάττῃ. τὸ δὲ ὄρος εἰς μεσόγειαν[15] μὲν ἀνήκει ὅσον ἐπὶ εἴκοσι σταδίους[16], καὶ τοῦτο γεῶδες[17] καὶ ἄλιθον· τὸ δὲ παρὰ θάλατταν πλέον ἢ ἐπὶ εἴκοσι σταδίους δασὺ[18] πολλοῖς καὶ παντοδαποῖς[19] καὶ μεγάλοις ξύλοις. ἡ δὲ ἄλλη χώρα καλὴ καὶ πολλή, καὶ κῶμαι ἐν αὐτῇ εἰσι πολλαὶ καὶ οἰκούμεναι· φέρει γὰρ ἡ γῆ καὶ κριθὰς[20] καὶ πυροὺς[21] καὶ ὄσπρια[22] πάντα καὶ μελίνας[23] καὶ

1 προκείμενος: hineinragend
2 καθήκων: hinabfallend
3 ἀπορρώξ, ἀπορρῶγος: schroff
4 ὕψος ὅπῃ ἐλάχιστον: wo seine Höhe am geringsten war
5 μείων: weniger
6 ἡ ὀργυιά: der Klafter (entspricht 1,85 m)
7 ὁ αὐχήν, αὐχένος: der Hals
8 ἀνήκειν: ansteigen, sich erstrecken
9 μάλιστα … τὸ εὖρος: an seiner breitesten Stelle vier Plethren messend (ca. 120 Meter)
10 ἡ ἑσπέρα: der Westen
11 ὁ αἰγιαλός: der Strand
12 ἡ ἐπικράτεια: der Bereich
13 ὑπὸ τῇ ἐπικρατείᾳ τοῦ χωρίου: auf die man direkten Zugriff hatte
14 τὰ ναυπηγήσιμα: Schiffsholz
15 ἡ μεσόγεια: das Landesinnere
16 ὅσον ἐπὶ εἴκοσι σταδίους: ungefähr zwanzig Stadien (ca. 3,6 km) weit
17 γεώδης, ες: mit fruchtbarer Erde
18 δασύς: dicht
19 παντοδαπός: vielfältig
20 αἱ κριθαί: Gerste
21 οἱ πυροί: Weizen
22 τὰ ὄσπρια: Hülsenfrüchte
23 αἱ μελίναι: Hirse

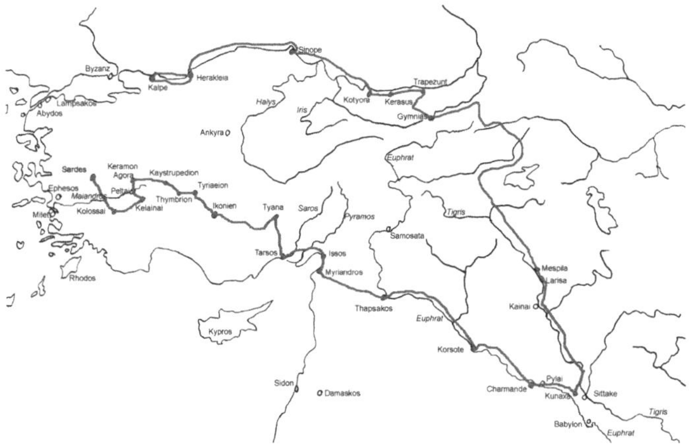

σήσαμα[24] καὶ σῦκα[25] ἀρκοῦντα καὶ ἀμπέλους[26] πολλὰς καὶ ἡδυοίνους[27] καὶ τἆλλα πάντα πλὴν ἐλαῶν[28]. ἡ μὲν χώρα ἦν τοιαύτη. ἐσκήνουν δ᾽ ἐν τῷ αἰγιαλῷ[29] πρὸς τῇ θαλάττῃ· εἰς δὲ τὸ πόλισμα ἂν γενόμενον[30] οὐκ ἐβούλοντο στρατοπεδεύεσθαι, ἀλλὰ ἐδόκει καὶ τὸ ἐλθεῖν ἐνταῦθα ἐξ ἐπιβουλῆς εἶναι, βουλομένων τινῶν κατοικίσαι πόλιν. τῶν γὰρ στρατιωτῶν οἱ πλεῖστοι ἦσαν οὐ σπάνει[31] βίου[32] ἐκπεπλευκότες ἐπὶ ταύτην τὴν μισθοφοράν[33], ἀλλὰ τὴν Κύρου ἀρετὴν ἀκούοντες, οἱ μὲν καὶ ἄνδρας ἄγοντες, οἱ δὲ καὶ προσανηλωκότες[34] χρήματα, καὶ τούτων ἕτεροι ἀποδεδρακότες πατέρας καὶ μητέρας, οἱ δὲ καὶ τέκνα καταλιπόντες ὡς χρήματ᾽ αὐτοῖς κτησάμενοι ἥξοντες πάλιν, ἀκούοντες καὶ τοὺς ἄλλους τοὺς παρὰ Κύρῳ πολλὰ καὶ ἀγαθὰ πράττειν[35]. τοιοῦτοι ὄντες ἐπόθουν[36] εἰς τὴν Ἑλλάδα σῴζεσθαι.

24 τὰ σήσαμα: Sesam

25 τὰ σῦκα: Feigen

26 ἡ ἄμπελος: die Rebe

27 ἡδύοινος: süßen Wein tragend

28 ἡ ἐλάα: die Olive

29 ὁ αἰγιαλός: der Strand

30 εἰς δὲ τὸ πόλισμα ἂν γενόμενον: wo eine Stadt hätte befestigt werden können

31 ἡ σπάνις: der Mangel

32 ὁ βίος: der Lebensunterhalt

33 ἡ μισθοφορά: der Soldempfang, der bezahlte Militärdienst

34 προσαναλοῦν: noch dazu aufwenden

35 πολλὰ καὶ ἀγαθὰ πράττειν: viel Geld machen

36 ποθεῖν: sich sehnen

1. Beschreibe, wie Xenophon den Ort darstellt.
2. Arbeite heraus, welche Gründe Xenophon den griechischen Soldaten für den Marsch mit Kyros zuschreibt.
3. Erkläre, wie du die Position Xenophons in der Frage der Besiedelung Kalpes einschätzt.

Exkurs: Byzanz

Byzantion (Βυζάντιον) wurde um 660 v. Chr. von Siedlern aus der Stadt Megara, in der ein Bevölkerungsüberschuss herrschte, gegründet.

Die Lage am östlichen Ende einer Halbinsel zwischen Goldenem Horn, Bosporus und Marmarameer begünstigte die Entwicklung des Handels, gleichzeitig machte sie Byzantion zu einem Ort von politischer Bedeutung.

Anfangs war die Herrschaft wie in der Mutterstadt Megara oligarchisch. Im Zuge des Ionischen Aufstandes der an der Westküste Kleinasiens siedelnden Griechen gegen die persische Oberherrschaft 500/499 v. Chr. nahmen die Perser Byzantion ein und ließen es von einheimischen griechischen Adligen, die als Hyparchoi (»Unterstatthalter«) eingesetzt wurden, verwalten. Im Jahr 478 v. Chr. eroberte der spartanische Feldherr Pausanias die Stadt mit 50 Schiffen, wie Thukydides berichtet. Bereits zwei Jahre später allerdings konnte der athenische Feldherr Kimon Byzantion für Athen gewinnen, womit auch die Regierungsform demokratisch wurde.

340/339 v. Chr. scheiterte der Makedonenkönig Philipp II., der Vater Alexanders des Großen, mit seinem Versuch, die Stadt einzunehmen.

Durch eine Erklärung der Römer 196 v. Chr. erhielt Byzantion, wie andere griechische Poleis, Autonomie. Der römische Kaiser Vespasian, der von 69 bis 79 n. Chr. herrschte, gliederte es in das Römische Reich ein. 258 n. Chr. plünderten Goten die Stadt.

330 n. Chr. erwählte Kaiser Konstantin sie zu seiner Reichshauptstadt, baute sie aus und benannte sie in Konstantinopel (Κωνσταντινούπολις) um; er machte seine Stadt zum »neuen Rom« am Bosporus.

1453 n. Chr. wurde Konstantinopel durch türkische Eroberer erstürmt. 1930 wurde Istanbul der offizielle Name der Stadt. Heute ist Istanbul mit über 12 Millionen Einwohnern die größte Stadt der Türkei.

Rede Xenophons vor den Toren von Byzanz

Das Heer geht nach Byzanz, wo Sold in Aussicht gestellt worden ist. Als die Soldaten die Stadt verlassen, um entlassen und gezählt zu werden, wird hinter ihnen das Stadttor verriegelt und die Männer geraten in Rage.

ἐπεὶ δὲ ἔκειτο τὰ ὅπλα καὶ κατηρεμίσθησαν[1], συγκαλεῖ ὁ Ξενοφῶν τὴν στρατιὰν καὶ λέγει τάδε. »ὅτι μὲν ὀργίζεσθε, ὦ ἄνδρες στρατιῶται, καὶ νομίζετε δεινὰ πάσχειν ἐξαπατώμενοι οὐ θαυμάζω. ἢν δὲ τῷ θυμῷ χαριζώμεθα[2] καὶ Λακεδαιμονίους τε τοὺς παρόντας τῆς ἐξαπάτης τιμωρησώμεθα καὶ τὴν πόλιν τὴν οὐδὲν αἰτίαν διαρπάσωμεν, ἐνθυμεῖσθε ἃ ἔσται ἐντεῦθεν. πολέμιοι μὲν ἐσόμεθα ἀποδεδειγμένοι[3] Λακεδαιμονίοις καὶ τοῖς συμμάχοις. οἷος δὲ πόλεμος ἂν γένοιτο, εἰκάζειν[4] δὴ πάρεστιν ἑορακότας[5] καὶ ἀναμνησθέντας τὰ νῦν δὴ γεγενημένα. ἡμεῖς γὰρ οἱ Ἀθηναῖοι ἤλθομεν εἰς τὸν πόλεμον τὸν πρὸς Λακεδαιμονίους καὶ τοὺς συμμάχους ἔχοντες τριήρεις τὰς μὲν ἐν θαλάττῃ τὰς δ᾽ ἐν τοῖς νεωρίοις[6] οὐκ ἐλάττους τριακοσίων, ὑπαρχόντων δὲ πολλῶν χρημάτων ἐν τῇ πόλει καὶ προσόδου[7] οὔσης κατ᾽ ἐνιαυτὸν ἀπό τε τῶν ἐνδήμων[8]

1 κατηρεμίζειν: beruhigen

2 τῷ θυμῷ χαρίζεσθαι: dem Zorn nachgeben

3 ἀποδεδειγμένος: erklärt

4 εἰκάζειν: ermessen

5 ἑορακότας καὶ ἀναμνησθέντας τὰ νῦν δὴ γεγενημένα: *Subjektakkusativ*

6 τὸ νεώριον: die Werft

7 ἡ πρόσοδος: die Einnahme

8 τὰ ἔνδημα: die einheimischen Einnahmequellen

Blick auf das heutige Istanbul

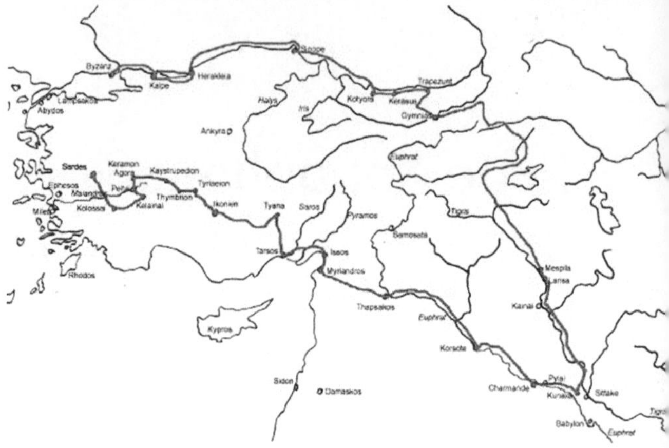

καὶ τῆς ὑπερορίας[9] οὐ μεῖον χιλίων ταλάντων[10]· ἄρχοντες δὲ τῶν νήσων ἁπασῶν καὶ ἔν τε τῇ Ἀσίᾳ πολλὰς ἔχοντες πόλεις καὶ ἐν τῇ Εὐρώπῃ ἄλλας τε πολλὰς καὶ αὐτὸ τοῦτο τὸ Βυζάντιον, ὅπου νῦν ἐσμεν, ἔχοντες κατεπολεμήθημεν[11] οὕτως ὡς πάντες ὑμεῖς ἐπίστασθε. νῦν δὲ δὴ τί ἂν οἰόμεθα παθεῖν, Λακεδαιμονίοις μὲν καὶ τῶν ἀρχαίων συμμάχων ὑπαρχόντων, Ἀθηναίων δὲ καὶ οἳ ἐκείνοις τότε ἦσαν σύμμαχοι πάντων προσγεγενημένων[12], Τισσαφέρνους δὲ καὶ τῶν ἐπὶ θαλάττῃ ἄλλων βαρβάρων πάντων πολεμίων ἡμῖν ὄντων, πολεμιωτάτου δὲ αὐτοῦ τοῦ ἄνω βασιλέως[13], ὃν ἤλθομεν ἀφαιρησόμενοι τὴν ἀρχὴν καὶ ἀποκτενοῦντες, εἰ δυναίμεθα; τούτων δὴ πάντων ὁμοῦ[14] ὄντων ἔστι τις οὕτως ἄφρων ὅστις οἴεται ἂν ἡμᾶς περιγενέσθαι; μὴ πρὸς θεῶν μαινώμεθα μηδ' αἰσχρῶς ἀπολώμεθα πολέμιοι ὄντες καὶ ταῖς πατρίσι καὶ τοῖς ἡμετέροις αὐτῶν φίλοις τε καὶ οἰκείοις.

9 ἡ ὑπερορία: das Ausland

10 τὸ τάλαντον: das Talent (betrug 6 000 Drachmen, was 26 kg Silber entsprach)

11 καταπολεμεῖν: niederringen

12 προσγίγνεσθαι: dazukommen

13 ὁ ἄνω βασιλεύς: der Großkönig im Landesinnern

14 ὁμοῦ εἶναι: auf einer Seite stehen

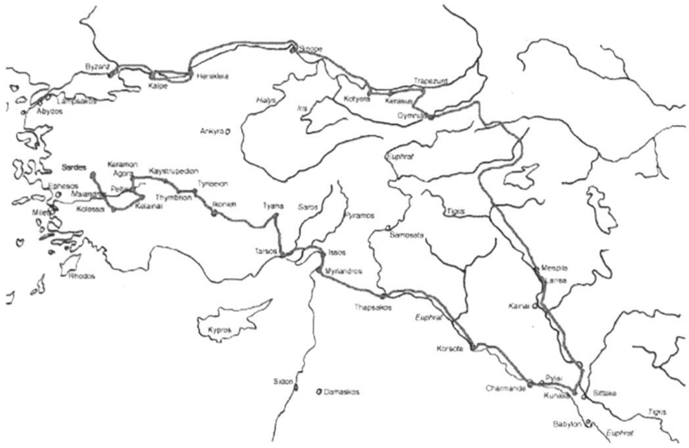

ἐν γὰρ ταῖς πόλεσίν εἰσι πάντες ταῖς ἐφ᾽ ἡμᾶς στρατευσομέναις, καὶ δικαίως, εἰ[15] βάρβαρον μὲν πόλιν οὐδεμίαν ἠθελήσαμεν κατασχεῖν[16], καὶ ταῦτα κρατοῦντες[17], Ἑλληνίδα δὲ εἰς ἣν πρώτην ἤλθομεν πόλιν, ταύτην ἐξαλαπάξομεν[18]. ἐγὼ μὲν τοίνυν[19] εὔχομαι πρὶν ταῦτα ἐπιδεῖν[20] ὑφ᾽ ὑμῶν γενόμενα μυρίας ἐμέ γε κατὰ τῆς γῆς ὀργυιὰς[21] γενέσθαι. καὶ ὑμῖν δὲ συμβουλεύω Ἕλληνας[22] ὄντας τοῖς τῶν Ἑλλήνων προεστηκόσι πειθομένους πειρᾶσθαι τῶν δικαίων τυγχάνειν. ἐὰν δὲ μὴ δύνησθε ταῦτα, ἡμᾶς δεῖ ἀδικουμένους τῆς γοῦν Ἑλλάδος μὴ στέρεσθαι. καὶ νῦν μοι δοκεῖ πέμψαντας[23] Ἀναξιβίῳ[24] εἰπεῖν ὅτι ἡμεῖς οὐδὲν βίαιον ποιήσοντες παρεληλύθαμεν εἰς τὴν πόλιν, ἀλλ᾽ ἢν μὲν δυνώμεθα παρ᾽ ὑμῶν ἀγαθόν τι εὑρίσκεσθαι, εἰ δὲ μή, ἀλλὰ δηλώσοντες ὅτι οὐκ ἐξαπατώμενοι ἀλλὰ πειθόμενοι ἐξερχόμεθα.«

15 εἰ: wenngleich, während

16 κατασχεῖν: in seine Gewalt bringen

17 καὶ ταῦτα κρατοῦντες: obwohl wir dazu in der Lage waren

18 ἐξαλαπάζειν: zerstören

19 τοίνυν: deshalb

20 ἐφορᾶν: zusehen

21 ἡ ὀργυιά: der Klafter (ein Klafter entspricht 1,85 m, das sind 6 griech. Fuß)

22 *Konstruiere:* Ergänze ἡμᾶς vor Ἕλληνας

23 *Konstruiere:* Ergänze ἡμᾶς vor πέμψαντας

24 Ἀναξίβιος: *der Befehlshaber der spartanischen Flotte in Byzanz*

1.a. Erläutere, mit welchen Argumenten Xenophon versucht, die Söldner von einem gewaltsamen Vorgehen gegen Byzanz abzubringen.

1.b. Erkläre die Rolle, die in diesem Zusammenhang der Peloponnesische Krieg spielt.

1.c. Gib an, zu welchem Verhalten Xenophon rät.

2. Überlege, wie Xenophon selbst die Situation empfindet.

Die Entlohnung Xenophons

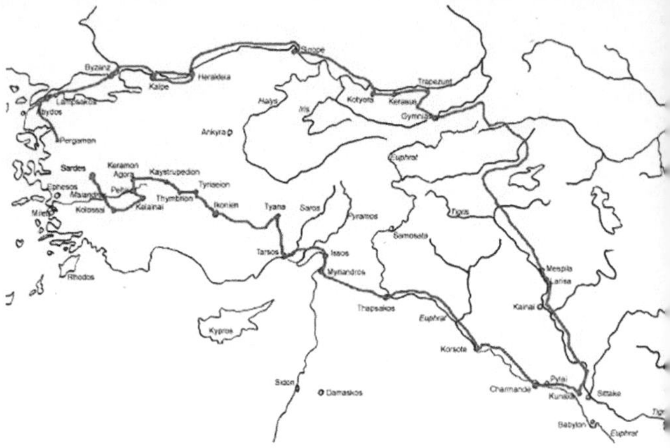

Xenophon erfährt von seinen Gastfreunden von dem reichen Perser Asidates. Um Beute zu machen, möchte er ihn mit seinen Leuten überfallen. Der erste Versuch allerdings schlägt fehl.

τῇ δὲ ὑστεραίᾳ[1] θυσάμενος ὁ Ξενοφῶν ἐξάγει νύκτωρ[2] πᾶν τὸ στράτευμα, ὅπως ὅτι μακροτάτην ἔλθοι[3] τῆς Λυδίας, εἰς τὸ μὴ διὰ τὸ ἐγγὺς εἶναι φοβεῖσθαι[4], ἀλλ᾽ ἀφυλακτεῖν[5]. ὁ δὲ Ἀσιδάτης ἀκούσας ὅτι πάλιν ἐπ᾽ αὐτὸν τεθυμένος[6] εἴη ὁ Ξενοφῶν καὶ παντὶ τῷ στρατεύματι ἥξοι, ἐξαυλίζεται[7] εἰς κώμας ὑπὸ τὸ Παρθένιον[8] πόλισμα ἐχούσας. ἐνταῦθα οἱ περὶ Ξενοφῶντα συντυγχάνουσιν αὐτῷ καὶ λαμβάνουσιν αὐτὸν καὶ γυναῖκα καὶ παῖδας καὶ τοὺς ἵππους καὶ πάντα τὰ ὄντα· καὶ οὕτω τὰ πρότερα ἱερὰ ἀπέβη[9]. ἔπειτα πάλιν ἀφικνοῦνται εἰς Πέργαμον. ἐνταῦθα τὸν θεὸν ἠσπάσατο Ξενοφῶν· συνέπραττον[10] γὰρ καὶ οἱ Λάκωνες καὶ οἱ λοχαγοὶ καὶ οἱ ἄλλοι στρατηγοὶ καὶ οἱ στρατιῶται ὥστ᾽ ἐξαίρετα[11] λαβεῖν καὶ ἵππους καὶ ζεύγη[12] καὶ τἆλλα· ὥστε ἱκανὸν εἶναι καὶ ἄλλον ἤδη εὖ ποιεῖν. ἐν τούτῳ[13] Θίβρων παραγενόμενος παρέλαβε τὸ στράτευμα καὶ συμμείξας τῷ ἄλλῳ Ἑλληνικῷ ἐπολέμει πρὸς Τισσαφέρνην καὶ Φαρνάβαζον.

1 ἡ ὑστεραία: der folgende Tag

2 νύκτωρ: in der Nacht

3 ὅτι μακροτάτην ἔρχεσσθαι: eine möglichst weite Strecke zurücklegen

4 εἰς τὸ μὴ διὰ τὸ ἐγγὺς εἶναι φοβεῖσθαι: damit man sich nicht wegen zu großer Nähe fürchte

5 ἀφυλακτεῖν: sorglos sein

6 θύειν επί: ein Opfer darbringen, um gegen jdn. Krieg zu führen

7 ἐξαυλίζεσθαι: seinen Hof verlassen und wegziehen

8 Παρθένιον: *Stadt in Mysien*

9 ἀποβαίνειν: sich erfüllen

10 συνπράττειν: sich auch für etwas einsetzen

11 ἐξαίρετος: ausgewählt

12 τὸ ζεῦγος: das Gespann

13 ἐν τούτῳ: in der Zwischenzeit

1. Beurteile das Vorgehen Xenophons.
2. Beschreibe die Rolle, die Opfer spielen.
3. Erläutere, wie die Anabasis inhaltlich und stilistisch endet.

ΕΠΙΛΟΓΟΣ

Wenn man mit einem vormals Fremden ein Stück Weg gemeinsam zurückgelegt hat, kann einem dessen Schicksal am Ende nicht mehr gleichgültig sein.

Wie ist es nun mit Xenophon, der mit seiner »Anabasis« aus der Anonymität der Weltgeschichte an uns herangetreten ist und der uns jetzt zurücklässt?

Das »Abenteuer Anabasis« hat er also überstanden. Die übrigen Söldner übergibt er dem spartanischen Oberkommandanten Thibron, der mit ihnen wiederum gegen Perser zu Felde zieht, um für die Freiheit der ionischen Städte zu kämpfen. 396 v. Chr. geht das Kommando an den Spartanerkönig Agesilaos über, dem sich Xenophon anschließt und dessen Freund und Bewunderer er wird. Nach Agesilaos' Tod 360 v. Chr. wird er ein Enkomion (Lobschrift) auf ihn verfassen.

394 v. Chr., bei der Schlacht von Koroneia, kämpft Xenophon auf spartanischer Seite gegen die Thebaner und ihre Verbündeten – unter denen sich, neben Korinth und Argos, auch Athen befindet! Das kann nicht folgenlos bleiben: Xenophon wird aus Athen verbannt. Die von ihm bewunderten Spartaner hingegen geben ihm dafür Landbesitz bei Skyllus, nahe Olympia. Landleben und Literatur bestimmen diese Zeit seines Lebens, die er mit seiner Frau und den beiden Söhnen auf seinem Gut verbringt. In einem Vorausblick in der »Anabasis« (5,3,7) auf diese Zeit beschreibt er diese Idylle.

371 v. Chr. aber verliert Sparta bei der Schlacht von Leuktra seine Vorherrschaft. Die Thebaner siegen unter ihrem Feldherrn Epameinondas. Xenophon muss Skyllus verlassen und geht nach Korinth. Als Athen und Sparta sich politisch annähern, wird 368/367 v. Chr. die Verbannung Xenophons aus Athen aufgehoben. So können seine Söhne zur athenischen Reiterei. Sein Sohn Gryllos stirbt 362 v. Chr. in der Schlacht von Mantineia. Er hatte für Athen gekämpft und gleichzeitig – so weit hatte sich die politische Lage geändert – auf der Seite Spartas.

Ob Xenophon selbst nach Athen zurückkehrte, wissen wir nicht.

Personen & Orte

Ἀβροκόμας	Satrap von Phönizien, kommt nicht rechtzeitig zur Schlacht von Kunaxa
Ἀγίας	Heerführer aus Arkadien, der durch Verrat des Tissaphernes ermordet wird
ὁ Ἀθηναῖος, ου	der Athener
ὁ Αἰγύπτιος, ου	der Ägypter
οἱ Αἰνιᾶνες, ων	griechischer Volksstamm, südlich von Thessalien ansässig
Ἀναξίβιος	der Befehlshaber der spartanischen Flotte in Byzanz
Ἀρβάκης	Feldherr des Artaxerxes, Satrap von Medien
Ἀριαῖος	Freund und Truppenführer des Kyros; wechselt nach Kyros' Tod zu Artaxerxes über
ὁ Ἀρκάς, αδος	der Arkader, Bewohner von Arkadien, einer Landschaft auf der Peloponnes
Ἀρταξέρξης (II.)	um 451 oder 443 v. Chr. geboren, tritt nach dem Tod seines Vaters Dareios die Herrschaft an, Großkönig von 404–358 v. Chr.
Ἀρτάοζος	erst Getreuer des Kyros, dann des Tissaphernes
Ἀρταπάτης	Freund des Kyros
Ἀσιδάτης	reicher Perser in Mysien, den Xenophon mit seinen Leuten überfällt, um Beute zu machen
ὁ Ἀχαιός, ου	der Achaier, Bewohner von Achaia, einer Landschaft auf der Peloponnes
Βαβυλών	Stadt am Euphrat
Βοιώτιος	Adj. zu Βοιωτία (Böotien), eine Landschaft in Mittelgriechenland
Γωβρύας	persischer Feldherr in der Schlacht von Kunaxa
Δαρεῖος	König der Perser von 425–404 v. Chr.
Δελφοί	Delphi, Stadt in Phokis am Parnass, berühmt für sein Apollon-Heiligtum
οἱ Δόλοπες, ων	griechischer Volksstamm südwestlich von Thessalien
ὁ Εὐφράτης, ου	mit 2760 km der längste Fluss Vorderasiens
Θήχης	Theches: Berg, von dem aus die Griechen auf ihrem Rückzug erstmals das Schwarze Meer sehen; heute nicht mit Sicherheit zuzuordnen
Θίβρων	spartanischer Feldherr, der das verbliebene Söldnerheer am Ende des Zuges übernimmt

οἱ Θρᾷκες, ων	Einwohner von ἡ Θρᾴκη (Thrakien)
Ἰωνικός	Adj. zu ἡ 'Ιωνία (Ionien), Landschaft an der Westküste Kleinasiens
Καστωλοῦ πεδίον	Ebene bei Kastolos, ein Ort in der Nähe der Provinzhauptstadt Sardes
αἱ Κελαιναί, ῶν	phrygische Stadt
Κλεάνωρ	Feldherr aus Orchomenos in Arkadien
Κλέαρχος	450–401 v. Chr.; Spartiat; kommt nach Verbannung und auf der Flucht vor einem Todesurteil zu Kyros; Söldnerführer zunächst in Thrakien, dann im Zug gegen Artaxerxes
αἱ Κολοσσαί, ῶν	Stadt in Großphrygien
Κορύλας	König von Paphlagonien
οἱ Κρῆτες, ῶν	Einwohner der Insel Kreta
Κτησίας	Arzt aus Knidos; seit 405 v. Chr. am Hof des Artaxerxes; nimmt an der Schlacht von Kunaxa teil; verfasst ein Buch über die persische Geschichte, das Xenophon wahrscheinlich bei seinen Aufzeichnungen herangezogen hat
Κῦρος	der Jüngere; Sohn des Dareios und der Parysatis; Bruder von Artaxerxes; stirbt 401 v. Chr. mit ca. 30 Jahren in der Schlacht von Kunaxa
οἱ Λακεδαιμόνιοι, ων	Bewohner von Lakedaimon, der Stadt (= Sparta) oder der Landschaft auf der Peloponnes
ἡ Λυδία, ας	Lydien, Landschaft in Kleinasien mit der Hauptstadt Sardes
Λύκιος	athenischer Führer der Reiterei
ὁ Μάγνης, ητος	der Magnesier, Bewohner der thessalischen Küstenlandschaft und der Halbinsel Magnesia
ὁ Μαίανδρος, ου	Fluss, der bei Kelainai entspringt und bei Milet ins Meer mündet
ὁ Μαρσύας, ου	1. Nebenfluss des Μαίανδρος; 2. Sagengestalt aus Phrygien, der dem Gott Apoll in einem Wettstreit unterliegt
Μένων	thessalischer Söldnerführer des Kyros
ἡ Μιλήτος, ου	wichtige und berühmte Handelsstadt in Ionien, aus der viele Pflanzstädte am Schwarzen Meer hervorgegangen sind
Μιθριδάτης	erst Getreuer des Kyros, dann des Tissaphernes
ὁ Μυσός, ου	der Myser, Bewohner von ἡ Μυσία (Mysien), einer Landschaft im Nordwesten Kleinasiens
οἱ Μοσσύνοικοι, ων	Mossynoiken, Volk bei Kerasus
Νίκαρχος	Hauptmann aus Arkadien, der schwer verwundet von Tissaphernes entkommt
Ξενίας	Söldnerführer des Kyros aus Parrhasia in Arkadien; verlässt Kyros
Ξενοφῶν	aus Athen, Verfasser der Anabasis (s. Einleitung)
Ξέρξης	Großkönig der Perser von 485–465 v. Chr.
ὁ Ὀλύνθιος, ου	der Olynthier, Einwohner der griechischen Stadt Olynth auf der Halbinsel Chalkidike
Ὀρόντας	Verwandter des persischen Königshauses; von Kyros wegen Verrat hingerichtet
ὁ Ὀρχομένιος, ου	Einwohner der Stadt Orchomenos in Arkadien
Παρθένιον	Stadt in Mysien

Παρράσιος	Adj. zu Παρρασία, griech. Stadt in Arkadien
Παρύσατις	Frau des Dareios; Mutter des Artaxerxes und des Kyros
οἱ Παφλαγόνες, ων	Bewohner von Paphlagonien
ἡ Παφλαγονία, ας	Paphlagonien, Landschaft im Norden Kleinasiens am Schwarzen Meer
Πέργαμον	Stadt in Mysien
Περσικός	Adj. zu ὁ Πέρσης: der Perser
Πίγρης	Dolmetscher des Kyros
Πρόξενος	aus Theben in Böotien, Gastfreund Xenophons, der ihn zur Teilnahme am Zug einlädt und dessen Position Xenophon nach der Ermordung durch Tissaphernes einnimmt
Σάρδεις	Hauptstadt Lydiens
Σωκράτης	1. Philosoph aus Athen (470–399 v. Chr.), zu dessen Schülern Xenophon zählt und mit dem er sein Vorhaben, im Kyroszug mitzuziehen, bespricht; 2. Feldherr aus Achaia, der durch Tissaphernes ermordet wird
Σοφαίνετος	älterer Söldnerführer des Kyros aus Stymphalos in Arkadien
ὁ Συρακόσιος, ου	Einwohner von Syrakus
Σῶσις	Stratege aus Syrakus
Τισσαφέρνης	seit 413 Satrap in Sardes und Karanos und Oberbefehlshaber von Kleinasien, 408 übernimmt Kyros letztere Position, wodurch T. sein Feind wird; nach Kyros' Tod erhält T. die betreffenden Gebiete zurück
Φαρνάβαζος	Unterstützer der Spartaner gegen Athen im Pelop. Krieg, Feind des Tissaphernes
ἡ Φοινίκη, ης	fruchtbares syrisches Küstengebiet am Mittelmeer
ἡ Φρυγία, ας	in zwei Satrapien aufgeteiltes Gebiet: Großphrygien im Inneren Kleinasiens, Kleinphrygien an der Propontis (Marmarameer)
Χειρίσοφος	spartanischer Stratege, der auf dem Rückzug die Vorhut anführt, stirbt in Kalpe durch Krankheit
ἡ Χερρόνησος, εως	fruchtbare thrakische Halbinsel am Hellespont

Wortschatz

Kapitel 1: Der Konflikt am persischen Königshof

πρεσβύτερος	älter
ἀσθενεῖν	krank sein
ὑποπτεύειν	ahnen
μεταπέμπεσθαι	jdn. kommen lassen
ἡ ἀρχή	das Herrschaftsgebiet, die Herrschaft
ἀποδεικνύναι + dopp. Akk.	jdn. ernennen zu
τὸ πεδίον	die Ebene
ὁ ὁπλίτης	der Schwerbewaffnete, der Hoplit
τριακόσιοι	dreihundert
ἐπιβουλεύειν + Dat.	es auf jdn. abgesehen haben
συλλαμβάνειν	ergreifen, festnehmen lassen
ἀποκτείνειν	töten
κινδυνεύειν	in Gefahr sein
ἀτιμάζειν	entehren

Kapitel 2: Der Streit zwischen den Satrapen Kyros und Tissaphernes

ἡ συλλογή	die Versammlung
παραγγέλλειν	befehlen
πλεῖστοι, αι, α	die meisten
βέλτιστος, η, ον	der beste
διδόναι δίδωμι, δώσω, ἔδωκα, δέδομαι, ἐδόθην	geben
τότε	damals, dann
πλήν + Gen.	außer
προαισθάνεσθαι	ahnen
ὁ αὐτός	derselbe
βουλεύεσθαι	planen
ἐκβάλλειν	verbannen
ὑπολαμβάνειν λαμβάνω, λήψομαι, ἔλαβον, εἴληφα, εἴλημμαι, ἐλήφθην	aufnehmen
πολιορκεῖν	belagern
πειρᾶσθαι	versuchen
ἐκπίπτειν	»herausfallen«, vertrieben werden
ἡ πρόφασις	der Vorwand
πολεμεῖν	Krieg führen
τυγχάνειν + Part. τυγχάνω, τεύξομαι, ἔτυχον, τετύχηκα	etw. gerade tun, gerade dabei sein etw. zu tun
τυγχάνειν + dopp. Gen.	von jdm. etw. bekommen, erhalten

Kapitel 3: Die Sammlung des Heeres

μέγας, μεγάλη, μέγα	groß
ἡγεῖσθαι	glauben
λέγειν λέγω, ἐρῶ, εἶπον, εἴρηκα, εἴρημαι, ἐρρήθην	sagen
ὁρμᾶσθαι	aufbrechen
εἴκοσι(ν)	zwanzig
τὸ εὖρος	die Breite
ἡ γέφυρα	die Brücke
τὸ πλοῖον	das Schiff
διαβαίνειν βαίνω, βήσομαι, ἔβην, βέβηκα	durchschreiten

εὐδαίμων, ον	glücklich
ἄγριος, α, ον	wild
ῥεῖν	fließen
νικᾶν	siegen
ἀποχωρεῖν	verlassen
τριάκοντα	dreißig
ἅμα	zugleich

Kapitel 4: Die Rede des Klearchos

μένειν	bleiben
βιάζεσθαι	zwingen
ἄρχεσθαι	anfangen
ὕστερον	später
ἡ ἐκκλησία	die Versammlung
ὁ χρόνος	die Zeit
θαυμάζειν	sich wundern
τιμᾶν	ehren
μετά + Gen.	zusammen mit
ἐξελαύνειν	vertreiben
ἡ γῆ	die Erde, das Land
ἐπειδή	als
πορεύεσθαι	ziehen, marschieren
ἀντί + Gen.	für, anstelle von
χρῆσθαι + Dat.	Gebrauch machen v. etw., sich einer Sache verpflichtet fühlen
ψεύδεσθαι	hintergehen
οὔποτε	niemals
ἕπεσθαι	folgen
ἱκανός, ή, όν	fähig

Kapitel 5: Kyros gibt seine wahre Absicht zu erkennen

ἀπαγγέλλειν	berichten
πάλαι	vorher, früher
εἰδέναι	wissen
κρύπτειν	verheimlichen
τὰ χρήματα	das Geld
ὥσπερ	wie
παρά + Akk.	gegen
ὑπισχνεῖσθαι	versprechen
ἐπάν + Konj.	sobald
ὁ μισθός	der Lohn
μέχρι ἄν + Konj.	bis dass
καθιστάναι	bringen

Kapitel 6: Der Zug durch Arabien

πλήρης, ες + Gen.	voll von etw.
ἡ ὕλη	das Holz
ὁ ὄνος	der Esel
ἐνίοτε	manchmal
διώκειν	verfolgen
τρέχειν	laufen
θᾶττον adv.	schneller
πλησιάζειν	sich nähern
θηρᾶν	jagen
τὸ κρέας	das Fleisch
ἁλίσκεσθαι	gefangen werden
παραπλήσιος, α, ον	ähnlich
ὁ πούς, ποδός	der Fuß
ὁ δρόμος	der Lauf
πέτεσθαι	fliegen
βραχύς, εῖα, ύ	kurz
ἡδύς, εῖα, ύ	angenehm, schmackhaft

Kapitel 7: Der Zug durch Babylonien

ἡ νύξ, νυκτός	die Nacht
ἡγεῖσθαι + Gen.	anführen
+ AcI	glauben
δεξιός, ά, όν	rechts
εὐώνυμος, ον	links
διατάττειν	aufstellen
ὁ ἀριθμός	die Zahl
ἀμφί + Akk.	etwa
ὁ ἱππεύς, έως	der Reiter
πρό + Gen.	vor
παραγίγνεσθαι	dabei sein

Kapitel 8: Die Schlacht bei Kunaxa

καταφανής, ές	sichtbar
ἡνίκα	als
λευκός, ή, όν	weiß
ἐγγύς + Gen.	nahe (bei)
ὁ χαλκός	das Erz

ἡ ἀσπίς, ίδος	der Schild
ὁ τοξότης, ου	der Bogenschütze
ἐντυγχάνειν	begegnen
μέντοι	indessen
παρακελεύεσθαι + Dat.	jdn. antreiben
ψεύδεσθαι (Pass.)	sich täuschen
ἡ σιγή	das Schweigen
βραδύς, εῖα, ύ	langsam
προσέρχεσθαι ἔρχομαι, εἶμι, ἦλθον, ἐλήλυθα	sich nähern
βοᾶν	rufen
ἔξω + Gen.	außerhalb
τὸ πλῆθος	die Menge
περιεῖναι	überlegen sein
ὅμως	dennoch
ἀποσπᾶν	wegziehen
φοβεῖσθαι μή	fürchten, dass
μέλει μοι	mir liegt am Herzen
καλῶς ἔχειν	sich gut verhalten
πελάζειν	sich nähern
ὁ θόρυβος	der Lärm
ἀλλά	aber; gut!
δέχεσθαι	annehmen
ἀντίος, α, ον	entgegen
θεῖν	laufen
οἷον	wie
τὸ δόρυ, ατος	der Speer
ἐξικνεῖσθαι	erreichen
τὸ κράτος	die Kraft
φέρεσθαι	rasen
κενός, ή, όν + Gen.	leer von, ohne
ἔστιν ὅστις	mancher
καταλαμβάνειν λαμβάνω, λήψομαι, ἔλαβον, εἴληφα	ergreifen
πάσχειν πάσχω, πείσομαι, ἔπαθον, πέπονθα	etw. erleiden, eine Verletzung davontragen
πλήν	außer
ἥδεσθαι	sich freuen
ἐπιμελεῖσθαι + Gen.	sich um etw. kümmern
εἰδέναι, οἶδα, εἴσομαι, ᾔδη	wissen
ἀσφαλής, ές	sicher
χρῄζειν	wünschen
ἥμισυς, εια, υ	halb
δείδειν μή	fürchten, dass
ὄπισθε(ν)	von hinten
ὁρμᾶν	aufbrechen
ὁ θώραξ, ακος	der Brustpanzer
ὁ ἰατρός	der Arzt
ἰᾶσθαι	heilen
κεῖσθαι	liegen
ὁ θεράπων, ποντος	der Diener
χρυσοῦς, ῆ, οῦν	aus Gold

Kapitel 9: Charakterisierung des Kyros

κρίνειν	beurteilen
δεῖσθαι, δεήσομαι, ἐδεήθην + Gen.	jdn./etw. brauchen
ἐπιθυμεῖν + Gen.	etw. wünschen
ὁ τρόπος	der Charakter
σκοπεῖν (πρός + Akk.)	betrachten, schauen auf
κοσμεῖν	schmücken
θαυμαστός, ή, όν	verwunderlich
ἡ ἐπιμέλεια	die Fürsorge
προθυμεῖσθαι	bereit sein zu etw.
γεύεσθαι + Gen.	von etw. kosten
ὁ ὑπηρέτης, ου	der Diener
πεινῆν	Hunger haben
δηλοῦν	deutlich machen
τὸ τεκμήριον	der Beweis
ἄξιος, α, ον	würdig
τυγχάνειν + Gen.	etw. erhalten

Kapitel 10: Das Ende der Schlacht

ἀναπαύεσθαι	ausruhen, sich erholen
οὐδαμοῦ	nirgendwo
εἰκάζειν	vermuten
ἡ σκηνή	das Zelt
καταλαμβάνειν	vorfinden
σφόδρα	heftig
διαγίγνεσθαι	verbringen

Kapitel 11: Verrat durch Tissaphernes

τὸ σημεῖον	das Zeichen
ἔνδον	drinnen
τιτρώσκειν	verwunden
ἐκπλήττειν	erschrecken
ὁ ἑρμηνεύς, έως	der Dolmetscher
συνακολουθεῖν	mitfolgen
εἰς + Akk.	an die, ungefähr
φυλάττεσθαι	vorsichtig sein, sich hüten

Kapitel 12: Ausweglose Lage

ὁ κύκλος	der Kreis
τὸ ἔθνος	das Volk
ἔτι	künftig
μέλλειν	bereit sein
ἀπέχειν	entfernt sein
προδιδόναι	verraten
ἡττᾶσθαι	unterliegen, eine Niederlage erleiden
ἀθύμως ἔχειν	mutlos sein
ἡ πατρίς, ίδος	die Heimat

Kapitel 13: Rückblick Xenophons

μεταπέμπεσθαι	jdn. kommen lassen, nach jdm. schicken
ἀρχαῖος, α, ον	alt
ἡ πορεία	die Reise
πρόθυμος, ον	bereitwillig
ἐπερωτᾶν	fragen
εὔχεσθαι + Dat.	zu jdm. beten
ἀναιρεῖν	weissagen
ἡ μαντεία	der Orakelspruch
αἰτιᾶσθαι	beschuldigen
πότερον … ἤ	ob … oder
μέντοι	jedoch
ἐκπλεῖν	absegeln
ὁ στόλος	der Feldzug
ἐξαπατᾶν	betrügen
ἡ αἰσχύνη	die Scham

Kapitel 14: Xenophons Traum

ἡ ἀπορία	die Ausweglosigkeit
καθεύδειν	schlafen
ὁ ὕπνος	der Schlaf
ἡ βροντή	der Donner
ἔξεστι(ν)	es ist erlaubt, man kann
μετά + Akk.	nach
κατακεῖσθαι	daliegen
ὑβρίζεσθαι	misshandelt werden
ἡ ἡσυχία	die Ruhe, das Nichtstun
ποῖος, α, ον	wie beschaffen
ἡ ἡλικία	das Alter
τήμερον	heute

Kapitel 15: Zermürbende Kälte

συλλέγειν	sammeln
μέλας, αινα, αν	schwarz
τὸ ὑπόδημα	der Schuh, die Sandale
ἡ κρήνη	die Quelle
κάμνειν	müde werden, erschöpft sein
ἤδη	schon
ἅτε + Partizip	weil
ὑγιαίνειν	gesund sein, kräftig sein
παριέναι	vorbeiziehen
ὁ πελταστής, ου	der Leichtbewaffnete
προϊέναι	vorwärts-, weiterziehen

Kapitel 16: Das Meer, das Meer!

πεμπτός, η, ον	fünfter
ἡ κραυγή	das Geschrei
οἴεσθαι	glauben
ἐπιτίθεσθαι	angreifen
ζωγρεῖν	lebendig fangen
ἀμφί + Akk.	ungefähr
πλείων, ον	mehr
ἀναλαμβάνειν	mit hinzunehmen
παραβοηθεῖν	an der Seite entlang zur Hilfe eilen
τάχα	bald
τὸ ὑποζύγιον	das Lasttier
ἐξαπίνης	plötzlich

Kapitel 17: Bei einem seltsamen Volk

παραδιδόναι	übergeben
ὀγδοήκοντα	achtzig
ἀναβοᾶν	zurufen
ὑψηλός, ή, όν	hoch
ἐπιδεικνύναι	vorführen, zeigen
τρέφειν τρέφω, θρέψω, ἔθρεψα,τέθραμμαι, ἐτράφην	nähren
ἁπαλός, ή, όν	zart
τὸ μῆκος	die Größe, die Länge
ποικίλος, η, ον	bunt
τὸ νῶτον	der Rücken
ζητεῖν	versuchen
ἐμφανῶν	in aller Öffentlichkeit
χωρίζειν	trennen
ὁ ὄχλος	die Menge
ἡ ἐρημία	die Einsamkeit

Kapitel 18: Ein Versöhnungsfest

ἡ διατρίβη	der Aufenthalt
ἡ σπονδή	das Trankopfer
ὁ αὐλός	die Flöte
ἅλλεσθαι	springen
ἡ μάχαιρα	das Schwert
χρῆσθαι + Dat.	etw. gebrauchen
παίειν	schlagen
πλήττειν, Aor. Pass.: ἐπλήγην	schlagen, treffen
ἀνακράζειν	aufschreien
ᾄδειν	singen
παρατίθεσθαι	zur Seite legen
ἑκάτερος, α, ον	beide

Kapitel 19: Der Hafen von Kalpe

ὁ λιμήν, ένος	der Hafen
ἑκατέρωθεν	zu beiden Seiten
τὸ χωρίον	der Platz, der Raum
ἱκανός, ή, όν	geeignet
ὑπό + Dat.	am Fuße von
ἄφθονος, ον	reich, ergiebig
ἐπί + Dat.	unmittelbar bei, an
πλέον ἤ	mehr als
ἡ κώμη	das Dorf
ἀρκεῖν	ausreichend vorhanden sein
κατοικίζειν	gründen
ἀποδιδράσκειν	weglaufen

Kapitel 20: Rede Xenophons vor den Toren von Byzanz

ὀργίζεσθαι	zornig werden
τιμωρεῖσθαι +Akk. + Gen.	sich an jdm. (Akk.) für etw. (Gen.) rächen
αἴτιος, α, ον	schuldig
οἷος, οἵα, οἷον	wie beschaffen, was für ein
ἐνθυμεῖσθαι	bedenken
ἀναμιμνήσκεσθαι	sich an etw. erinnern
ὑπάρχειν	zur Verfügung stehen
ἐπίστασθαι	wissen
ἄφρων, ον	töricht
περιγίγνεσθαι	überlegen sein
μαίνεσθαι	verrückt sein
γοῦν	wenigstens
στέρεσθαι + Gen.	einer Sache beraubt werden
δηλοῦν	zu erkennen geben, deutlich machen

Kapitel 21: Die Entlohnung Xenophons

ὑπό + Akk.	unterhalb
συντυγχάνειν	begegnen
ἀσπάζεσθαι + Akk.	danken, begrüßen
παραγίγνεσθαι	ankommen
συμμειγνύναι	vereinigen

Militär

Zusammensetzung des Heeres:

Hopliten	Leichtbewaffnetes Fußvolk		Reiter
	Gymneten	**Peltasten**	
ὁπλῖται	γυμνῆτες	πελτασταί	ἱππεῖς
	- Bogenschützen τοξόται - Schleuderer σφενδονῆται - Speerschützen ἀκοντισταί		
schwer bewaffnetes Fußvolk für den Nahkampf; Lanze, Schwert, Schild, Helm, Panzer, Beinschienen	Fernkampf und Aufklärung; keine Schutzwaffen	Nahkampf; Speer, Schwert, lederne Beinschienen, Kleinschild (πέλτη)	Scharmützel; Lanze oder zwei Wurfspieße, kurzes Schwert, schwerer Metallharnisch zum Schutz

Hierarchiestruktur:

10 Strategen (στρατηγοί)

↓

selbst angeworbene Abteilungen (500 bis 4000 Männer)

↓

10 Hauptmänner (λοχαγοί)

↓

10 λόχοι (50 bis 400 Männer)

Phrurarch (φρούραρχος): Festungskommandant oder Kommandant einer Besatzungstruppe

Einheiten

Entfernungen

πούς =	30 cm/0,296 m
πλέθρον =	30 m
στάδιον =	178,6 m
παρασάγγης =	ca. 5,5 km bzw. 30 Stadien: eine Parasange entspricht dem Weg, den ein Fußgänger in einer Stunde zurücklegen kann; es wird also nach der Zeit gemessen
σταθμός :	bezeichnet den Marsch bis zu dem Rastplatz, an dem die Nacht verbracht wird; entspricht ungefähr 5 Parasangen

Münzen

1 μνᾶ =	100 δραχμαί
1 δραχμή =	6 ὀβολοί
1 δαρεικός = (persische Goldmünze)	20 δραχμαί

Textstellen

ANABASIS

Der Konflikt am persischen Königshof	1,1,1–1,1,6
Der Streit zwischen den Satrapen Kyros und Tissaphernes	1,1,6–1,1,8
Sammlung des Heeres	1,2,4–1,2,9
Rede des Klearchos/Krise im Heer	1,3,3–1,3,7
Kyros gibt seine wahre Absicht zu erkennen	1,4,11–1,4,13
Der Zug durch Arabien	1,5,1–1,5,5
Zug durch Babylonien, Musterung	1,7,7 und 1,7,10–1,7,13
Die Schlacht bei Kunaxa	1,8,8–1,8,29
Charakterisierung des Kyros	1,9,20–1,9,31
Das Ende der Schlacht	1,10,16–1,10,19

KATABASIS

Verrat durch Tissaphernes	2,5,31–2,5,37
Ausweglose Lage	3,1,1–3,1,3
Rückblick Xenophons	3,1,4–3,1,10
Xenophons Traum	3,1,11–3,1,15
Zermürbende Kälte	4,5,12–4,5,21
Das Meer, das Meer!	4,7,21–4,7,26
Bei einem seltsamen Volk	5,4,30–5,4,31
Ein Versöhnungsfest	6,1,1–6,1,10
Der Hafen von Kalpe	6,4,3–6,4,8
Rede Xenophons vor den Toren von Byzanz	7,1,25–7,1,31
Die Entlohnung Xenophons	7,8,20–7,8,24

Literatur

Textausgaben

griechische Ausgabe mit Kommentar:
Xenophontis opera omnia. Ed. E.C. Marchant. Oxford: Clarendon Press 1904

zweisprachige Ausgabe griech.-dt.:
Xenophon: Cyri Anabasis. Griech./Dt. Hrsg. von W.Müri. 3. Aufl., Zürich/Düsseldorf: Artemis und Winkler 2002 (Sammlung Tusculum)

deutschsprachige Übersetzung:
Xenophon: Des Kyros Anabasis: der Zug der Zehntausend. Übers., Einl. u. Anm. von H.Vretska. Stuttgart: Reclam 1999

Sekundärliteratur

... über **Babylon und die Perser:**

J. Wiesehöfer: Das antike Persien : von 550 v. Chr. bis 650 n. Chr. Düsseldorf : Albatros 2005

* M. A. Dandamayev, »BABYLONIA i. History of Babylonia in the Median and Achaemenid Periods«, Encyclopaedia Iranica Online, 1989, verfügbar auf www.iranica.com

... über **Athen:**

Ch. Meier: Athen: ein Neubeginn der Weltgeschichte. München: Orbis-Verlag 1998

... über **Sparta:**

K.-W. Welwei: Sparta : Aufstieg und Niedergang einer antiken Großmacht. Stuttgart : Klett-Cotta 2005

... über die **griechische Welt:**

H. Krefeld (Hrsg.): Hellenika : Einführung in die Kultur der Hellenen. Berlin : Cornelsen 2002

Der kleine Pauly: Lexikon d. Antike; [in 5 Bd.]/auf d. Grundlage von Pauly's Realencyclopädie d. class. Altertumswiss. unter Mitw. zahlr. Fachgelehrter bearb. u. hrsg. von Konrat Ziegler u. Walther Sontheimer

… über die **antike Literatur:**
R. Nickel: Lexikon der antiken Literatur. Düsseldorf: Patmos 2006

O. Schütze (Hrsg.): Griechische und römische Literatur : 120 Porträts. Stuttgart; Weimar : Metzler 2006

in der Ausgabe verwendete Textauszüge:
Humboldt-Text:
Alexander von Humboldt: Ansichten der Natur. Hrsg. von A. Meyer-Abich. Stuttgart: Reclam 1992, S. 60
Text auch online verfügbar im Projekt Gutenberg